지적 생활을 위한

일타
교양
수업

배우고 익히는 사람을 위한 최소한의 교양

지적 생활을 위한

일타
교양
수업

김창옥, 심용환, 김영옥 외
MBC 〈일타강사〉 지음

포르체

삶의 지혜가 되는 이야기

우리는 많은 불확실성을 가지고 삶이라는 전투에 임합니다. 인생의 여정은 마치 야간 운전처럼 먼 거리의 앞이 보이지 않지요. 다만 눈앞에 나타나는 예측 불가능한 상황들을 헤쳐나갈 뿐입니다. 이렇게 순간을 헤쳐나가는 능력의 원천은 본능적인 생존 능력과 함께 어려서부터 자연스럽게 습득한 지식일 것입니다.

21세기를 사는 우리는 홍수처럼 밀려오는 정보를 매일매일 흡수하며, 필요한 만큼 정보를 지식으로 소화합니다. 그런 과정에서 때로는 잘못된 정보를 얻기도, 때로는 정제되지 않은 정보를 얻기도 하지요. 분석적인 사고 능력과 정보의 행간을 읽는 안목이 필요한 시대입니다.

MBC의 간판 프로그램 〈일타강사〉는 그런 의미에서 각 분야에 일가견이 있는 전문가들이 자신이 오랫동안 쌓아 온 지식을 누구나 알기 쉽게 풀어 주는, 그래서 각자의 삶의 지혜가 될 수 있도록 하는 뜻깊은 방송이었습니다. 그래서 〈일타강사〉 작가들이 제가 평생 미국에서의 커리어 활동과 활약 중에서 얻어 낸 지혜를 한국 시청자들에게 들려주자고 제안했을 때 기쁜 마음으로 최선을 다해 임했지요. 일회성으로 끝나는 방송이 아쉬웠던 것도 잠시, 금세 잊어버리고 삶을 바쁘게 살던 중 〈일타강사〉의 강의 내용을 책으로 기록하겠다는 포르체 출판사의 연락을 받고 자료를 또 한 번 기쁘게 공유했습니다.

이 책에는 제가 미국에서 포토저널리스트로 일하며 경험했던 순간들을 비롯해, 〈일타강사〉 프로그램에 출연했던 각 분야 전문가들의 생생한 이야기가 담겨 있습니다. 저희의 경험과 지식을 글로 전할 수 있게 되어 매우 감사한 마음입니다. 저와 인생의 동선이 엇갈리지 않았던 다른 분야 전문가들의 강의 내용을 다채롭게 만나 볼 수 있는 기회입니다. 독자로서는 그야말로 손 안 대고 코 풀 수 있는 책인 셈입니다.

이 책을 읽으며 간접 경험을 통해 얻는 것이 많으리라 생각합니다. 수많은 단어를 가진 우리의 한글로 쓰인 이 책이 독자분들께 삶의 지혜가 되어 주기를 마음 깊이 바랍니다. 우리가 우리 역사와 문화, 우리 사회의 이야기와 사람과 사람 사이의 관계와 사랑에 대해 제대로 알고자 노력할 때 높은 자존감을 가지고, 주변과 따뜻한 마음을 나누며 지혜롭고 보람 있는 인생을 살아갈 수 있을 것입니다.

2024년 12월,

출연진 대표 강형원

프롤로그—삶의 지혜가 되는 이야기

목차

프롤로그   삶의 지혜가 되는 이야기   5

1부
삶의 온기를 더하는, 사랑과 관계 수업

1강   우리는 이미 교과서에서 사랑을 배웠다   12
김민정

2강   성(性)을 알면 사랑과 사람이 보인다   34
배정원

3강   잘 먹고 잘 사는 유일한 비결, 소통   60
김창옥

4강   사람을 살리는 협상의 대화   82
이종화

2부
함께 만들어 가는 세상, 사회 수업

1강   사회를 비추는 거울, 범죄의 모든 것   110
표창원

2강   당신 곁에 마약이 있다   132
김희준

3강   사진에는 영원히 잊지 못할 힘이 있다   152
강형원

3부
일상 속의 즐거움, 문화 수업

1강   세상을 움직인 낮은 곳의 사람들   180
             심용환

2강   68년 역사의 K-드라마, 세계로 나아가다   214
             김영옥

3강   K-수산물 제대로 즐기는 법   230
             김지민

4부
더 나은 삶을 위한, 인생 철학 수업

1강   내 삶에 마법을 일으키는 질문   260
             이은결, 유호진

2강   갓생을 살고 있습니다   282
             성진

3강   죽음을 통해 배우는 오늘의 의미   296
             유성호

삶의 온기를 더하는,
사랑과 관계 수업

1부

이제는 가물가물해진 국어 교과서 속 작품들을 다시 읽어 보면 그때는 몰랐던 숨겨진 재미와 지금도 공감할 수 있는 다양한 사랑의 양상을 엿볼 수 있다. 문학은 경험하지 못한 세계에 대한 간접 경험을 통해 우리의 사고를 확장시킨다. 간접 경험을 해 둔다면 나중에 자신이 비슷한 상황에 처했을 때, 최소한 상대방의 의도를 몰라 답답해하다 시간만 흘러가는 상황은 피할 수 있을 것이다. 그러니까 국어를 잘하면, 연애도 잘할 수밖에 없다는 이야기다.

우리는 이미 교과서에서
사랑을 배웠다

김민정

국어 강사

김민정

국어 강사

고려대학교 국어교육과를 졸업하고, 2006년
세화여자고등학교에서 국어를 가르치기 시작했다.
이후 학교를 벗어나 국어 강의를 진행한 지
17년째다. 문학 강의에서는 혼신의 힘을 다해 연기를
한다고 '연민정', 국어의 역사를 설명할 때는 마치
역사 강사처럼 맛깔나게 설명한다고 '설민정'이라는
별명을 얻었다. 신나고 에너지 넘치는 강의로
학생들의 사랑을 듬뿍 받으며 인터넷 강의 사이트
국어 일타로 우뚝 섰다. 특히 국어를 어려워하는
학생들의 빛과 소금이 되어 주고 있다. 방송 프로그램
〈내일은 천재〉, 〈유 퀴즈 온 더 블럭〉에 출연했다.

사랑을 쟁취하는 연애의 대가,
황진이

선택받지 않고
직접 선택하는 여인

청산리(青山裡) 벽계수(碧溪水)야 수이 감을 쟈랑마라.

일도창해(一到滄海)ᄒ면 다시 오기 어려오니.

명월(明月)이 만공산(滿空山)ᄒ니 쉬어간들 엇더리.

〈청산리 벽계수야〉

유명한 이 시조를 지은 사람은 바로 조선 최고의 기생으로 잘 알려진 황진이다. 조선 중기, 중종 때 활동했던 기생인 황진이. 천민 신분이다 보니 그의 생애에 대한 정확한 기록은 남아 있지 않다. 그저 개성 출신에 기명은 '영월'로, 맹인의 딸로 태어나 기생이 되었을 것이라는 추측만 하는 정도다. 황진이는 노래, 춤, 거문고는 기본이고 사대부들과도 견줄 수 있을 만큼 시를 잘 지었다고 한다. 그래서 당대 《송도기이》, 《어우야담》 등 수많은 설화집에 기록될 만큼 대단한 관심을 받은 것은 물론이고 현대까지도 꾸준히 회자된다. 황진이가 이처럼 오랫동안 기억될 수 있는 이유는 아마도 '신분과 시대에 굴하지 않고 능동적으로 사랑하며, 그 기록을 시로 남긴 여인'이기 때문일 것이다.

고등학교 1학년 문학 교과서에도 황진이의 시조가 실려 있다. '청산리 벽계수야'라고 시작하는 시조에서 '벽계수'는 사전적으로 '물빛이 맑아 푸르게 보이는 시냇물'을 뜻한다. 그래서 마치 흘러가는 시냇물에게 달이 밝으니 천천히 여유를 갖고 흘러가라는 의미의 시조처럼 보인다. 그러나 사실 이 시의 '벽계수'는 사람의 이름이다. 당시 세종의 증손자인 왕족 이종숙의 호가 바로 벽계수였다.

황진이와 벽계수 사이에 무슨 일이 있었던 걸까. 서유영이란 사람이 지은 《금계필담》을 보면 두 사람의 일화가 하나 등장한다. 왕족 벽계수는 황진이가 대단하다는 소문을 듣고 한번 만나 보고 싶다는 생각을 하게 된다. 하지만 황진이는 아무나 만나 주지 않았기 때문에, 벽계수는 황진이와 친하다는 이달을 찾아가 방법을 묻는다.

이달은 벽계수에게 황진이를 만날 수 있는 방법을 알려준다. 황진이의 집 근처에서 술을 마시고 거문고를 타고 있으면 황진이가 살며시 곁으로 다가올 텐데, 그때 아는 척하지 말고 일어나서 재빨리 말을 타고 떠나라는 것이었다. 이때 '취적교'라는 다리를 지날 때까지 절대 뒤돌아봐서는 안 된다는 가장 중요한 조언도 덧붙였다.

벽계수가 이를 그대로 실천해 황진이 집 근처에서 거문고를 타니 정말로 황진이가 나타났다. 벽계수는 옳다구나 싶어 얼른 짐을 챙겨 나귀를 타고 자리를 떠난다. 그러자 황진이가 떠나가는 벽계수의 등에 대고 바로 이 시조를 읊었다고 한다.

청산리 벽계수야 수이 감을 자랑마라
⇨ 벽계수야, 왜 그렇게 빨리 가는 거야?
한번 바다에 도달하면 다시 오기 어려워라
⇨ 한번 떠나가면 다시 돌아오기 어려울걸?
명월이 하늘에 가득하니 쉬어간들 어떠리
⇨ 나 명월이가 여기 있으니 잠깐 놀다 가는 게 어때?

벽계수는 이 시조의 의미를 바로 알아차리고 고개를 획 돌리다 그만 나귀에서 떨어진다. 이달의 말대로라면 다리를 건널 때까지 돌아보지 말아야 했는데 그만 유혹에 진 것이다. 그러자 황진이는 "이 사람은 명사가 아니라 한량일 뿐이다"라는 말을 남기고 가 버렸다고 한다. 《금계필담》에 따르면 벽계수에게 실망한 황진이는 다신 그를 만나 주지 않았다. 황진이는 이처럼 신분 제도가 엄격했던 조선 시대에 자신을 찾아온 왕족조차 거침없이 퇴짜를 놓는 비범한 인물이었다.

사랑하는 님과
긴 밤을 함께하고 싶은 날

　황진이는 정말 사랑하는 사람을 만나면 그 마음을 적극적으로 표현하는 사랑꾼이기도 했다. 아래 시조는 바로 그 마음을 담은 것이다.

　동지(冬至)ㅅ돌 기나긴 밤을 한 허리를 버혀내여,
　춘풍(春風) 니불 아레 서리서리 너헛다가,
　어론 님 오신 날 밤이어든 구뷔구뷔 펴리라.

〈동짓달 기나긴 밤을〉

　동지는 1년 중에서 가장 밤이 긴 날이다. 전깃불도 없는 조선 시대에는 그 기나긴 밤이 더 길게 느껴졌을 것이다. 황진이는 그 긴 밤의 '허리를 베어 내어', 잘라 낸 시간을 봄 이불 아래에 서리서리 넣고 싶다고 말한다. 차가운 겨울 시간을 봄 이불 아래에 동그랗게 감아 넣어 두면 노곤노곤 따뜻하게 데워질 것이다. 그리고 따뜻하게 데워진 시간을 '어론 님 오신 날 밤이거든 구뷔구뷔 펴겠'다고 한다. '어론 님'은 '어른 님'을 뜻하는데, 여기서 '어른'은 지금처럼 성인을 뜻하는 것이 아니다. '어른'은 본래 남녀가 몸을 합한다는 의미인 '얼우다'라는 동사에 접미사 'ㄴ'이 결합된 말이다. 즉 '어른'의 어원을 돌이켜 보면 몸과 마음이 성숙해져 사랑할 자유를 가지고, 동시에 여기에 따르는 의무와 책임을 다하는 사람이라는 의미다. 황진이의 시조에 나오는 '어른 님' 역시 한마디로 함께 밤을 보낸 상대를 의미한다.

이 시조에는 이렇게 사랑하는 님과 함께 보내는 시간이 흘러가는 게 아쉬운 황진이의 '밀당 전략'도 숨어 있다. '구뷔 구뷔 펴리라'는 서리서리 감아 놓았던 시간을 한 둘레씩 서서히 펴는 모양을 표현한 것이다. 남은 시간을 전부 한꺼번에 펼치는 게 아니라, 님이 떠나려고 할 때 조금씩 남은 시간을 펼쳐 보이며 밀당하듯 시간을 늘리고 싶다는 마음이 느껴진다. 우리가 학교에서 시조를 배울 때는 어른의 사랑이라는 해석보다 님을 향한 사랑과 애틋함, 예쁘게 사용된 순우리말에 중점을 두었을 것이다. 하지만 지금 다시 돌아보면 황진이가 님을 향한 적극적인 마음을 라임을 잘 맞춘 언어로 표현한 시조라는 걸 알 수 있다.

황진이가 만났던 수많은 남자 중 그녀가 진심으로 사랑한 사람은 몇 되지 않는데, 황진이가 마음을 준 대상으로 가장 유력하게 지목되는 건 16세기 조선 중기 명창(名唱)으로 유명한 '이사종'이라는 사람이다. 황진이와 이사종은 지금도 드문 6년간의 계약 결혼을 했다고 한다. 둘은 3년은 이사종의 집에서, 3년은 황진이의 집에서 살고 계약 기간이 끝나자 단칼에 이별했다. 바로 이때 황진이가 이 시를 남겼다는 이야기가 있다.

시대가 허락하지 않은 금지된 사랑,
〈사랑손님과 어머니〉

여섯 살 옥희가 전하는
미묘한 '썸'

옥희   나는 금년 여섯 살 난 처녀애입니다. 내 이름은 박옥
희고요. 우리 집 식구라고는 세상에서 제일 이쁜 우
리 어머니와 단 두 식구뿐이랍니다. 아차, 큰일 났군.
외삼촌을 빼놓을 뻔했으니……. (중략) 우리 어머니
는, 그야말로 세상에서 둘도 없이 곱게 생긴 우리 어
머니는, 금년 나이 스물네 살인데, 과부랍니다. 과부
가 무엇인지 나는 잘 몰라도, 하여튼 동리 사람들이
날더러 '과부 딸'이라고들 부르니까. 우리 어머니가
과부인 줄을 알지요.

1935년에 발표된 소설 주요섭의 〈사랑손님과 어머니〉는 이후 영화화되면서 〈사랑방 손님과 어머니〉라는 제목으로 더 많이 알려졌다. 이 소설에 등장하는 옥희는 여섯 살, 과부인 어머니는 스물네 살이다. 옥희 아버지는 옥희 어머니와 결혼하고 1년 만에 세상을 떠났다. 즉 옥희 어머니는 열일곱 살에 결혼하여 옥희를 임신했지만, 아이가 태어나기도 전에 남편을 잃게 된 것이다. 지금의 기준으로 열일곱 살은 결혼이나 출산을 하기에 너무 어린 나이지만, 이 작품의 배경이 1930년대라는 걸 감안하면 그리 이상한 일은 아니다. 다행인 것은 옥희가 사는 곳이 외할머니 댁의 옆집이고, 학교 선생님이었던 남편이 죽기 전에 넉넉하진 않지만 어느 정도 먹고살 재산을 남기고 떠났다는 점이다. 그래도 어머니는 생계 유지를 위해 비어 있는 사랑방에 하숙생을 받기로 한다. 그렇게 옥희네 사랑방에 동네 교사로 부임하게 된 '아저씨'가 들어온다.

　　당시의 '사랑방'이란 지금처럼 집안의 방 한 칸이 아니라 집주인이 생활하는 안채와 아예 독립된 공간이었으며, '사랑채'라고도 불렸다. 특히 여성들은 대부분 안채에 머물렀으며, 사랑방은 남성들만 사용했다. 그래서 소설에서도 옥희와 어머니는 안채에서, 외삼촌과 손님인 아저씨는 사랑방에서 지내게 된다. 서로 마주칠 일이 거의 없기 때문에 두 사람의 이야기가 진행되려면 사실상 출입이 자유로운 어린아이인 옥희를 통해 소통해야 한다.

1부—삶의 온기를 더하는, 사랑과 관계 수업

아저씨가 사랑방에 하숙하러 들어온 이후 옥희는 매일 그 방에 놀러간다. 아저씨는 옥희에게 어머니에 대해 자꾸 묻고, 옥희는 아저씨가 마음에 들어 자신의 아버지였으면 좋겠다는 생각까지 하게 된다. 그리고 이튿날 일요일, 어머니와 옥희는 예배당에 가러 나왔다가 그곳에서 사랑방 아저씨를 마주친다. 그는 예배를 보러 와서 정작 기도는 안 하고 주변을 두리번거리는데, 옥희는 눈치채지 못하지만 어머니와 아저씨 사이의 미묘한 호감이 전해지는 대목이다.

옥희는 자기도 모르는 새 결정적인 큐피트 역할을 한다. 유치원 선생님 책상 위에 있던 꽃이 너무 예뻐서 어머니에게 주기 위해 두어 송이를 가져온 옥희는 '어디서 났느냐'고 묻는 어머니에게 대답하기 부끄러워 아저씨가 주었다는 거짓말을 하고 만다. 그러자 어머니는 꽃을 보고 좋아하지도 않고 "옥희야, 그런 걸 받아 오믄 안 돼. 너 이 꽃 얘기 아무보구도 하지 말아라"라고 당부한다. 하지만 막상 꽃을 버리지는 않고, 풍금 위에 곱게 꽂았다가 나중에는 찬송가 갈피에 끼워 말린다.

어느 날, 아저씨는 옥희에게 지난달 밥값이라며 하얀 봉투 하나를 어머니에게 갖다 주라고 한다. 그 봉투를 받아든 어머니는 얼굴이 빨갛게 물들더니 파들파들 손을 떨며 봉투를 확인한다. 아저씨의 마음을 어렴풋이 짐작하고 있던 어머니가 아저씨가 혹시 메시지를 보내 왔을까 긴장한 것이다. 그 안에서 돈이 나오니 안도의 한숨을 내쉬지만, 이내 돈 사이에 끼워

1강―우리는 이미 교과서에서 사랑을 배웠다

진 쪽지 하나를 발견한다. 정말로 쪽지가 나오니 마음이 복잡해진 어머니의 모습은 옥희의 시선으로 고스란히 전달된다.

그날 밤, 옥희는 한밤중에 문득 잠에서 깨었다가 어머니가 이상하게 아버지의 옷을 하나씩 장롱 안에 집어넣는 걸 발견한다. 옥희가 의아해하면서도 어머니에게 "우리 기도하고 자?"라고 묻자, 어머니는 이내 의미심장한 기도를 내뱉는다. 아저씨의 고백을 받은 어머니 역시 마음이 흔들린 것이다.

> 어머니 　하늘에 계신 우리 아버지여. 이름을 거룩하게 하옵시며, 나라에 임하옵시며, 뜻이 하늘에서 이루어진 것처럼 땅에서도 이루어지이다. 오늘날 우리에게 일용할 양식을 주옵시고, 우리가 우리에게 지은 죄 지은 자를 용서하여 준 것처럼 우리 죄를 사하여 주옵시고, 우리를 시험에 들지 말게 하옵시고.. 우리를 시험에 들지 말게 하옵시고.. 시험에 들지 말게.. 시험에 들지 말게...

어머니의 마음이 더 복잡해질 수밖에 없는 이유는 바로 이 사랑손님의 정체에 있다. 사실 사랑방 아저씨는 옥희네 큰외삼촌의 친구이자, 돌아가신 아빠의 친구이기도 하다. 그야말로 30년대판 사랑과 전쟁이라고도 할 수 있는 설정이다.

결국 어머니는 흔들리는 마음 속에서 선택을 한다. 어머니는 손수건 안에 편지 한 장을 넣어 옥희에게 주며 아저씨에게 전달하라고 하고, 편지를 받은 아저씨는 얼굴이 새파랗게 질리더니 이내 사랑방을 떠난다. 어머니는 옥희를 데리고 언덕 높은 곳에 올라 아저씨가 올라 탄 기차가 떠나는 광경을 멀리서 바라볼 뿐이다.

이들의 사랑이 이루어질 수 없었던 이유는 시대적 배경에 있다. 소설 속에서 옥희가 유치원에 다니며 댄스와 창가를 동시에 배우는 모습으로 짐작할 수 있듯, 1930년대는 매우 과도기적인 시기였다. 어머니가 사랑방에 들어가기를 꺼리자 옥희의 외삼촌은 "요즘 세상에 내외하십니까"라며 개방적인 태도를 보인다. 무엇보다 이미 1890년대에 과부의 재가금지법이 철폐되어 법적으로는 재혼도 문제가 없는 상황이다. 그러나 수백 년 동안 이어져 온 사람들의 사고방식까지 한순간에 바뀌는 것은 아니었다. 작품 속에서 어머니는 옥희에게 이런 말을 한다.

어머니　옥희가 이제 아버지를 새로 또 가지면 세상이 욕을 한단다. 옥희 어머니는 화냥년이다, 이러구 세상이 욕을 해. 그리 되문 옥희는 언제나 손가락질 받구, 옥희는 커두 시집두 훌륭한 데 못 가구. 옥희가 공부를 해서 훌륭하게 돼두, 에 그까짓 화냥년의 딸, 이러구 남들이 욕을 한단다.

이 작품을 쓴 주요섭 작가는 1902년에 태어나 미국 스탠퍼드 대학교와 대학원에서 교육학까지 배우고 온 신지식인이었다. 그의 눈에는 시대착오적인 관습 때문에 사랑도 포기해야 하는 우리의 현실이 안타까워 보였던 게 아닐까? 그래서 이 작품은 관습에 얽매이지 않은 여섯 살 어린아이의 시선으로 진행된다. 편견 없는 아이의 시선으로 아무런 문제가 없는 그들의 사랑을 가로막는 게 사회적 관습이라는 것을 깨닫고, 이게 옳은 일인지를 생각하게 하는 장치인 셈이다.

날카로운 첫사랑의 추억,
〈동백꽃〉

점순이의 감자를
받지 않은 이유

김유정의 〈동백꽃〉은 우리나라 교육 과정을 밟은 사람이라면 누구든 읽었을 작품이다. 이 작품은 1930년대 강원도 산골 마을을 배경으로 열일곱 살 동갑인 '나'와 '점순이' 사이에 오고 간 어설프고도 풋풋한 첫사랑의 감정을 다룬다.

작품의 초입은 화자인 '나'가 나무를 하러 나왔다가, 점순이가 자기 집 수탉과 우리 집 수탉의 싸움을 붙이는 걸 발견하는 데서 시작한다. '나'는 점순이가 도대체 왜 이러는지 모르겠다고 토로한다. 그리고선 소설은 그간 점순이의 이상한 행동을 회상하는 장면으로 전환된다.

　첫번째 점순이의 이상한 행동이 바로 그 유명한 '감자' 사건이다. 어느 날, '나'가 울타리를 수리하는 도중에 뜬금없이 점순이가 다가와 말을 붙인다.

점순　　애! 너 혼자만 일하니?
나　　　그럼 혼자 하지 떼루 하듸?
점순　　너 일하기 좋니? 한여름이나 되거든 하지 벌써 울터리를 하니?

잔소리를 두루 늘어놓다가 남이 들을까 봐 손으로 입을 틀어막고는 그 속에서 깔깔댄다. 게다가 조금 뒤에는 제 집께를 할금할금 돌아보더니 행주치마 속으로 꼈던 바른손을 뽑아서 나의 턱밑으로 불쑥 내미는 것이다.

점순　　느 집엔 이거 없지? 너 봄감자가 맛있단다.
나　　　난 감자 안 먹는다. 너나 먹어라.

나는 고개도 돌리지 않고 일하던 손으로 그 감자를 도로 어깨 너머로 쑥 밀어 버렸다.

이 작품에서 점순이는 마름의 딸이다. 마름은 지주를 대리해 소작권을 관리하는 사람을 말한다. 마름에게 밉보이면 자칫 소작 부칠 땅을 빼앗길 수도 있을 만큼 마름의 권위는 어마어마했다. 그리고 '나'는 점순이네를 통해 소작할 땅을 받아 농사를 짓는 소작농의 아들이다. '나'의 입장에서 보면 점순이가 아버지 상사의 딸인 셈이니 대하기가 마냥 편치는 않다.

점순이가 '나'에게 다가온 의도는 결국 맛있는 봄감자를 나눠 주기 위해서다. 소설의 배경인 1930년대, 일제강점기에 쌀은 주로 일본으로 수출된 탓에 서민들의 주식은 대개 감자와 고구마였다. 점순이는 그 귀한 감자 중에서도 맛있는 봄감자를 세 알이나 몰래 챙겨 온 것이다. 하지만 '나'는 '느이 집에 이거 없지?'라는 말에만 꽂혀 점순이의 마음은 꿈에도 모른채 감자를 다소 야박하게 거절해 버린다.

점순이를 대하는 '나'의 태도에도 나름대로의 뒷사정은 있다. 한번은 어머니가 '나'를 불러서 단단히 주의를 준다. 마름의 딸이 소작농의 아들과 붙어다닌다는 소문이 나면 마름 댁에서 싫어할 것이 뻔하고, 자칫하면 땅이나 집도 잃을 수 있으니 조심하라는 것이다. 그러니 '나'의 입장에서는 점순이의 관심이 부담스러울 수밖에 없다.

간지럽고 알싸한
첫사랑의 감각

　기껏 베푼 호의를 거절당한 점순이는 잔뜩 화가 나서 '나'의 뒤통수에 대고 온갖 욕을 퍼붓고는, 기어코 '나'의 집 닭까지 괴롭히기 시작한다. 씨암탉이 알을 못 낳게 볼기짝을 팍팍 치다 못해, 심지어 쬐끄만한 수탉을 끌어 내 자기 집 커다란 수탉과 싸움까지 붙인다. 감자가 주식일 정도로 어려웠던 시절인데 닭이 얼마나 중요한 재산이었겠는가? '나'로서는 미치고 팔짝 뛸 노릇이다.

　자기 집 수탉이 영 힘을 못쓰는 것이 속상했던 '나'는 닭에게 고추장을 탄 물을 먹이면 힘을 쓴다는 소문을 듣고, 억지로 고추장 물을 먹이기도 한다. '나'에게 점순이는 이유도 없이 자신을 괴롭히는 존재로만 다가왔던 것이다. 자신의 마음을 몰라 주는 '나'에게 심술이 난 점순이를 전혀 눈치채지 못하는 '나'의 행동이 이 작품의 풋풋함을 살리는 귀여운 요소이기도 하다.

　결국 갈등이 극에 달한 시점에 사건이 터지고 만다. '나'가 산에서 팬 나무를 한가득 메고 집으로 돌아가는 길에 웬 버들피리 소리가 들려온다. 무슨 소린가 해서 걸음을 멈추니 '노란 동백꽃' 사이에서 점순이가 버들피리를 불고 있다. 그리고 그 앞에서 푸드득거리는 닭의 횃소리가 들린다. 점순이가 또

닭싸움을 붙여 놓고 자기는 피리를 불고 있는 것이다. 기를 못 쓰고 피를 줄줄 흘리는 우리 집 수탉을 본 '나'는 너무 화가 나서 달려들어 점순이네 수탉을 퍽 때려 죽이고 만다. 다른 사람도 아니고 마름 집 닭을 해친 '나'. 그제서야 퍼뜩 정신이 들어서 그만 "엉~" 하고 울음을 터뜨린다. 이때 점순이는 과연 어떤 반응을 보였을까?

점순   그럼 너 이담부터 안 그럴 터냐?

나   그래.

점순   요담부터 또 그래봐라, 내 자꾸 못살게 굴 테니.

나   그래 그래. 인젠 안 그럴 테야.

점순   닭 죽은 건 염려 마라. 내 안 이를 테니.

"너 이담부터 안 그럴 터냐?"라고 묻는 점순이에게 '나'는 "그래!"라고 얼른 항복 선언을 한다. 그러자 점순이는 슬쩍 '나'의 잘못을 감싸 주고는, 다음 장면에서 '나'의 어깨를 짚고 슬쩍 껴안으며 동백꽃 속으로 떠밀어 함께 쓰러진다. 그 순간 알싸하고 향긋한 꽃 냄새가 온몸을 감싸며 '나'는 그만 정신이 아찔해져 버리는 것이다. 닭이 죽은 것을 빌미로 항복을 받아낸 것도 모자라, 정신없는 사이에 껴안고 쓰러지기까지 한 걸 보면 점순이에게서 연애 고수의 향기가 난다. 하지만 바로 그 순간, 저 멀리서 점순이의 엄마가 점순이를 부르는 소리가 들

1강—우리는 이미 교과서에서 사랑을 배웠다

려온다. 역시 사춘기 소년, 소녀의 어리숙한 첫사랑은 딱 이 정도가 제맛 아닐까.

이 풋풋한 첫사랑 이야기의 제목 '동백꽃'에는 숨겨진 비밀이 있다. 우리가 아는 동백꽃은 주로 전남, 경남, 제주 등 남쪽 지역에 많이 피어나는 붉은 꽃이다. 하지만 이 소설의 배경은 강원도이고 동백꽃을 '노랗다', 심지어 꽃 냄새가 '알싸하다'고 표현한다. 그 이유는 사실 이 소설에 나오는 동백꽃의 정체가 '생강나무 꽃'이기 때문이다.

생강나무는 이른 봄에 노란 꽃을 피우는 나무인데, 실제로 생강이 열리는 건 아니고 꽃과 잎에서 생강과 비슷한 향이 난다고 해서 그런 이름이 붙었다. 강원도에서는 바로 이 생강나무를 '동박나무' 또는 '동백나무'라고 부른다. 흔히 사랑을 어떤 향기나 소리 같은 감각적인 느낌으로 기억하곤 한다. 이 작품에서 김유정은 노란 동백꽃처럼 간질간질하고 알싸한 느낌을 첫사랑의 감각으로 전달해 준 셈이다.

이제는 가물가물해진 국어 교과서 속 작품들을 다시 읽어 보면 그때는 몰랐던 숨겨진 재미와 지금도 공감할 수 있는 다양한 사랑의 양상을 엿볼 수 있다. 문학은 경험하지 못한 세계에 대한 간접 경험을 통해 우리의 사고를 확장시킨다. 간접 경험을 해 둔다면 나중에 자신이 비슷한 상황에 처했을 때, 최소한 상대방의 의도를 몰라 답답해하다 시간만 흘러가는 상황은 피할 수 있을 것이다. 그러니까 국어를 잘하면, 연애도 잘할 수밖에 없다는 이야기다.

'성'이란 결국 우리의 삶, 그리고 그 삶을 관통하는 사랑에 대한 이야기다. 나이가 들어 삶이 무료하고 배우자와 스킨십이나 사랑이 없다고 느껴질 때는 내 옆에 있는 사람을 처음 사랑했던 순간, 그리고 사랑을 하면서 반짝거렸던 내 모습을 떠올려 보자. 인생이 충만해지는 그 소중한 경험을 포기하지 말고 모두가 마음껏 누리기를 바란다. 사랑하는 사람과 함께할 때 세상은 더 아름답고, 사랑하고 사랑받는 존재일 때 우리는 더욱 행복한 존재가 되니 말이다.

성(性)을 알면
사랑과 사람이 보인다

배정원
성교육 전문가

배정원

성교육 전문가

이화여자대학교에서 보건학 박사과정을 수료했고
인제대학교에서 보건학 박사학위를 받았으며,
27년 동안 성교육과 성상담 전문가로 일했다.
현재 대한성학회 명예회장, 행복한성문화센터
대표, 세종대학교 겸임교수로 일하고 있다.
세종대학교에서는 실전 연애와 성 지식을 다룬 '성과
문화'를 가르친다. 청년들이 자기 자신과 상대를
존중하며 건강한 사랑의 경험을 쌓을 수 있도록
구체적이면서도 실용적인 정보를 알려 주고 있다.
지은 책으로는 《배정원의 사랑학 수업》, 《명화 속 성
심리》, 《똑똑하게 사랑하고 행복하게 섹스하라》 등이
있다.

연애 안 하는
MZ세대의 연애

몸과 마음과 관계에서
삶의 이정표를 찾는 법

세종대학교 최고의 인기 강의 배정원 교수의 '성과 문화'
는 듣고 싶어도 못 들을 만큼 수강 신청 경쟁이 치열하다. '성'
에 대한 막연한 흥미와 궁금증으로 신청하는 학생들도 있고,
제대로 된 성교육을 받고 싶다며 수강 여석을 열어 달라고 따
로 요청하는 학생들도 많다. 강의 내용은 '성이란 무엇인가'에
서부터 남녀의 성 생리, 심리와 연인을 만나는 법, 잘 사랑하
는 법, 잘 싸우고 잘 헤어지는 법, 피임, 성병 예방 등 관계의
실용적인 면을 비롯해 자존감, 성적 동의 등의 가치에 이르기
까지 거의 삶의 모든 것을 아우른다.

성교육을 민망해하는 사람이 많은 이유는 성행위로서의 '성(性)'만 떠올리기 때문이다. 하지만 사실 성행위는 '성'의 일부분에 불과하며, 그 안에는 결혼, 이혼, 연애, 이별 등 사람이 살아가면서 맺는 관계의 이야기가 모두 포함된다. 자신의 몸과 상대의 몸, 그리고 마음과 관계를 잘 유지하는 법을 배우는 성교육은 잘 그려진 지도와도 같다. 좋은 지도를 가지면 길을 잃을 염려가 없고, 가는 길이 즐거운 것처럼 성에 대한 실질적인 이해가 높아지면 자신과 관계를 더 잘 관리하고 행복하게 살아갈 수 있다. 결국 '성'은 사람의 삶에 대한 이야기이고, 알고 보면 이만한 인문학도 없다.

사랑 '안' 권하는 사회

누구나 사랑에 빠졌던 그 순간을 기억할 것이다. 사랑에 빠졌을 때 우리는 가슴이 쿵쾅쿵쾅 뛰고, 하루종일 그 사람 생각이 나면서 자신의 인생이 그를 중심으로 도는 듯한 경험을 한다. 그 순간만큼은 이 세상 누구보다도 열정적이고 행복한 사람이 된다.

그런데 요즘은 사랑을 나누고 연애를 하기가 참 어려운 시대다. 실제로 학생들도 '연애를 어떻게 시작해야 할지 모르겠다', '사람을 만날 데가 없다'는 말을 많이 한다. 한국개발연

구원에 따르면 미혼 남녀에게 2020년 2월 코로나19 확산 이후 약 1년 동안 새로운 사람을 만나거나 소개받은 경험이 있는지 물었더니 78.1%가 '없다'고 답변했다고 한다. 이 시기에 새로운 연애를 시작한 사람이 거의 없었다는 이야기다.

연애를 하지 않게 된 이유가 뭘까. 우선 결혼이 필수라고 생각하지 않게 되었다. 가치관의 변화 속에서 결혼에 대한 생각이나 기대가 사라지고, 자연스럽게 연애에 대한 욕구도 줄어든 것으로 보인다. 또 서로를 왜곡하면서 깊어진 젠더 갈등, 연애가 더는 안전하지 않다는 일부의 불안감도 새로운 관계를 맺는 데 부정적으로 작용한다. 몇 년간 세계적인 거리두기로 인해 만남이 더 어려워진 와중에, 불안한 미래를 잘 대비한 뒤에 새로운 사람을 만나려고 하다 보니 만남의 시기가 점점 뒤로 미뤄지기도 한다. 그래서인지 요즘은 직접 하는 연애보다 관찰형 연애 리얼리티 같은 '보는 연애'의 인기가 높아지기도 했다. 각기 만남의 기준이 확고해진 것도 연애를 하기 어려운 이유 중 하나다. SNS로 상대방의 얼굴이나 취향도 쉽게 확인할 수 있다 보니 본인이 꿈꾸는 확고한 스타일에서 벗어나면 만남 자체를 갖지 않는 사람들이 많아졌다.

그런데 막상 사랑에 빠져 연애나 결혼을 했을 때 상대방이 정말 내 이상형인 경우가 많을까? 그렇지 않다. 세상에는 실로 다양한 사람과 각자의 독특한 매력이 존재한다. 이런 매력은 실제로 접하고 만나 보지 않으면 알 수 없는 부분이다.

이상형이 아니라도
사랑에 빠지는 이유

배정원 교수가 '성과 문화' 수업을 진행하면서 학생들이 실제 만남을 경험할 수 있도록 꼭 내는 과제가 있다. 바로 제비뽑기를 통해 랜덤으로 상대를 정해 데이트를 나가는 '데이트 실습' 과제다. 2주 안에 최소 4시간 이상의 데이트를 해야 하며, 데이트 동안에는 식사하기, 카페 가기, 산책하기 등 최소한 세 가지 이벤트가 필요하다. 단 영화나 연극은 긴 시간 동안 한 방향만 보게 되니 되도록 제외한다. 데이트에서는 인증샷을 찍어야 하고, 데이트 비용은 서로 5천 원씩 내서 총 1만 원으로 해결해야 한다. 무조건 대중교통을 이용해야 한다는 규칙도 있다. 누군가만 차를 가지고 나오는 건 평가할 때 공정하지 않기도 하고, 또 잘 알지 못하는 남의 사적인 영역에 들어갔을 때 혹시 모를 여러 위험 요소를 피하기 위해서다.

1만 원 이내로 데이트하는 게 쉽지 않을 것 같지만, 학생들은 생각보다 다양한 방식으로 재미있게 데이트를 한다. 서로 도시락을 싸서 나눠 먹기도 하고, 같이 헌혈을 해서 받은 문화상품권으로 데이트 비용을 충당하는 학생들도 있다. 높아진 물가를 감안해 초대권이나 쿠폰을 사용하는 등 한 번의 협찬은 허용한다. 학생들은 한강에 가서 같이 라면을 끓여 먹거나 자전거를 타기도 하고, 삼청동의 무료 전시회를 보러 가기도 한다. 세종대학교는 어린이대공원이 가까워서 동물원을 걷는 데이트를 하며 대화를 나누는 학생도 많다.

특히 좋은 점수를 받아 기억에 남는 데이트 중 하나는 남학생이 아르바이트하는 경마장에 간 코스였다. 말 타는 법을 가르쳐 주고, 함께 말도 타고, 남학생이 직접 준비한 도시락도 나눠 먹었다고 하는데 당사자들도 몹시 기억에 남는 경험이 아니었을까 싶다. 상대가 외국에서 살다 온 학생이라 한국을 잘 모른다고 하니까 시외버스를 예약해 가까운 교외에 나가 데이트를 한 사례도 있었다. 도시락도 싸고, 그곳의 볼거리와 정보를 미리 공부해서 이야기해 주었다고 한다. 이 데이트 이후로 해당 학생의 인기가 아주 높아졌다.

데이트 과제 후에는 물론 보고서를 제출해야 한다. 솔직한 내용을 담을 수 있도록 보고서는 각자 작성하고 제출 전에 묶어서 내도록 하고 있다. 학생들의 보고서에 '같이 본 석양이 참 아름다웠다', '별이 참 예뻤다'라고 쓰인 것을 보면 그날의 데이트가 행복했다는 걸 알 수 있다. 사랑에 빠질 때 세상이 아름다워 보이는 것처럼, 비록 단발적인 데이트였더라도 그 순간의 즐거운 감정은 새로운 경험으로 체화되었을 것이다.

보고서뿐 아니라 수업 시간에는 함께 발표도 한다. 발표를 들어 보면 같은 데이트를 했는데도 두 사람의 감상이 다른 경우가 있다. 또 다른 커플의 데이트 코스와 비교도 할 수 있다. 데이트 비용이 적다고 카페에 들렀다가 영화만 보고 헤어진 커플이라면, 다른 친구들의 발표를 들으며 자신들의 데이트에 대해 다시 생각하는 기회도 될 것이다. 대체로 여학생의 수가 많아서 한 남학생이 두 번 데이트를 나가기도 하는데, 그러면 남학생에게 각각의 데이트가 어땠는지도 물어본다. 실제 연인 관계라면 예민한 질문일 수도 있겠지만 공개적으로 서로 데이트 소감을 발표함으로써 각자의 데이트 방식을 돌아볼 수 있기 때문이다.

무엇보다 데이트 과제를 통해서 학생들에게 알려 주고 싶은 것은 이상형이 아니더라도 사랑에 빠질 수 있다는 사실이다. 랜덤으로 만난 상대와 과제 때문에 억지로 시간을 보내더라도 상대가 데이트에 성실히 임하고 배려심 깊은 태도를 보이면 어느 순간 그 데이트가 생각보다 꽤 즐겁다는 걸 깨달을 수 있다. 반면 처음에는 이상형이었더라도 나에게 못되게 굴고 데이트가 지루하면 결국 호감도가 떨어진다.

이런 경험을 통해 학생들은 이상형이 아니더라도 충분히 매력을 느낄 수 있고, 노력에 따라 호감도 생길 수 있다는 것을 알게 된다. 반대로 자신이 상대에게 어떻게 행동해야 호감을 살 수 있는지도 생각해 볼 수 있다. 무엇보다 중요한 것은 모르는 사람과의 데이트를 잘 수행하려고 노력하다 보면 사람을 대할 때 어떤 태도를 갖춰야 하는지 자연스럽게 체득한다는 점이다.

내 몸에 대한 권리는
오직 나에게 있다

행복한 관계의 조건,
성적 자기 결정권

사랑하는 사람과의 관계에서 성관계를 빼놓을 수 없다. 저마다 성관계에 대한 생각이나 사연은 다르지만 결국 모두가 원하는 지향점은 바로 '행복한 관계'다. 그렇다면 행복한 관계란 뭘까?

가장 전제되어야 하는 것은 '나와 너에 대한 사랑과 존중'이다. 이를 위해서는 먼저 내가 나 자신을 좋아하고 내 몸을 사랑해야 한다. 내 몸과 마음을 긍정적으로 받아들이지 못하거나 자신과 친해지지 않은 채로는 건강한 관계를 맺을 수 없다. 일상에서도 그렇지만 성관계에서도 자신을 존중하는 자존감이 매우 중요하다. 자존감이 높아야 상대를 배려할 수 있고, 어느 한쪽의 즐거움만을 위한 일방적인 관계가 아니라 함께 나누는 조화로운 관계를 만들어 갈 수 있기 때문이다.

그런 의미에서 우리는 모두 '성적 자기 결정권'을 가져야 한다. 이는 내 몸에 대한 권리를 주장하고 결정짓는 것을 말한다. 성행위는 물론이고 머리를 무슨 색으로 염색할지, 어떤 옷을 입을지, 몸에 문신을 할지 말지 등 내 몸의 모든 것을 스스로 결정할 수 있어야 한다. 이를 위해서는 어릴 때부터 나와 내 몸에 대한 권리를 배우고 경험하는 것이 필요하다.

우리 사회는 성적 자기 결정권에 대한 훈련이 잘 되어 있지 않다. 그래서 20대 학생들은 물론, 60대 이상까지도 성적 자기 결정권을 행사해야 하는 상황에서 어쩔 줄 모르고 휩쓸려 갈 때가 있다. 이런 상황에서는 절대 행복한 성생활을 할 수 없다. 그래서 성적 자기 결정권을 가르치는 성교육을 '민주 시민 교육'이라고 부르기도 한다. 민주주의는 자아가 분명한 사람들이 행할 수 있기 때문이다.

여기에서 중요한 개념이 '싫다'는 말 그대로 싫다, '좋다'는 말 그대로 좋다는 의미라는 것이다. 말 그대로 상대가 성행위를 제안했을 때 '싫다'고 하면 안 하겠다는 의미로 받아들여야 한다는 뜻이다. 그런데 우리나라에서는 '싫다'도 모두 '좋다'로 해석하는 일이 흔하다. 싫다는 의사 표현을 하면 '사실 좋으면서 부끄러워한다'고 해석하는 것이다. 이것은 분명히 잘못된 해석이다. '싫다'는 물론이고 침묵도 동의가 될 수 없다. 분명하게 '좋다'라고 표현했을 때 비로소 성적 동의가 이루어졌다고 해석해야 한다.

　물론 정말 사랑하는 사이에서도 성관계가 내키지 않을 때가 있다. 잘 모르는 사이에서는 확실하고 단호하게 거절하는 것이 중요하지만, 사랑하는 관계에서는 너무 거칠게 반응하여 상대를 무안하게 할 필요는 없다. 상대가 마음 상하거나 오해하지 않도록 존중하는 태도로 잘 거절하는 것도 중요하다. 상대의 요구를 거절하는 행위가 이기적으로 보일까 봐 고민될 수 있지만, 거절하지 못해서 원치 않는 행위를 하고 계속해서 상대가 나에게 무례함을 범하는 실수를 허용한다면 관계가 건강하게 지속되기 어렵다. 그러니 결국 거절은 내가 아니라 서로를 위한 것이기도 하다.

　일반적인 인간 관계에서도 내가 원하는 것과 싫어하는 것을 구체적으로 표현하고, 상대의 의사와 권리를 인정하는 것은 매우 중요한 태도다. 성관계에서도 마찬가지다. 따라서 거절당하는 쪽에서도 자신이 무시당했다고 생각하거나, 존재 자체를 거절당했다는 과대 해석을 할 필요가 없다. 서로 간에 '성적 자기 결정권'을 행사하고 표현하는 일이 자연스러워진다면 거절당하는 쪽도 점점 더 자연스럽고 당연하게 받아들일 수 있을 것이다.

아무리 사랑해도
우리는 한 몸이 아니다

연애할 때 손을 잡거나 키스하는 건 자연스러운 사랑의 표현이지만, 사소한 스킨십이라도 시작하기 전에 상대의 의사를 묻고 확인하는 과정이 필요하다. 사람에게는 누구나 각자의 몸에 대한 정지선이 있는데, 그 몸의 정지선은 누군가는 키스까지, 누군가는 손잡기까지로 각기 다르기 때문이다. 그래서 사랑하는 사이에 많은 대화를 나누면서 자연스럽게 자신이 원하는 범위가 어디까지인지, 자신의 신체적인 정지선에 대한 확실한 정보를 줘야 한다. 물론 그전에 자신만의 기준을 가지고, 그 기준을 지키려는 의지도 필요하다.

처음 연애를 시작하는 단계와 달리 관계가 지속되고 서로를 잘 알게 되면 동의를 구하지 않고도 스킨십으로 이어지는 경우가 많다. 하지만 그렇더라도 사람의 마음은 자꾸 변하기 때문에 자주 확인해야 한다. 우리나라보다 성적 동의에 훈련이 잘된 외국은 계속 만나 온 사람이더라도 스킨십을 하기 전에 의사를 묻는다. 어제도, 엊그제도 했지만 오늘은 또 다를 수 있기 때문이다. 내가 다 알지 못하는 어떤 사정이 있을지도 모르고, 연인과 아무리 친밀해도 진짜로 한 몸은 아니다.

우리나라에서는 대개 은근슬쩍 분위기를 만들거나, 하룻밤을 같이 보내는 날은 당연히 성관계를 한다고 전제해 버리기도 한다. 키스만 하고 싶어 했는데 얼렁뚱땅 관계까지 밀어 붙이거나, 늘 함께하는 사이라는 이유로 상대의 의사를 확인하지 않고 언제든 관계를 해도 좋다고 생각하는 것이다. 하지만 이는 동의가 될 수 없다. 상대가 어디까지 동의를 하는지 계속 물어보고, 본인의 의사 표현도 정확히 하는 것이 맞다.

피임도 성적 자기 결정권에 해당한다. 설령 관계를 하던 중이더라도 정확한 의사 표현을 하는 것, 또 피임을 스스로 결정하는 것도 자신의 몸에 대한 권리다. 그런데 분위기를 망칠까 봐, 혹은 애인에게 미안한 마음이 들어서 망설이다가 결국 말하지 못하는 경우가 많다. 그럴 때 상대에게 정확히 의사를 이야기해야 한다. 그럼에도 의사를 무시한다면 나를 존중하지 않는 상대와는 헤어지는 것이 낫다.

내 몸을 긍정적으로 받아들이고 건강하게 잘 관리하는 것은 성적 자기 결정권의 기본이다. 성에 대해 논하는 것이 부끄럽고 민망하다는 마음은 잠시 접어 두고, 내 몸에서 나를 불편하게 하는 요소가 무엇인지 한 번쯤 생각하며 자신의 가치관을 돌아볼 필요가 있다.

어린 아이에게도
성교육이 필요하다

아이와의 스킨십은
늘 허용될까

내 몸을 소중하게 생각하고 성적 자기 결정권을 행사하는 훈련은 아이 때부터 경험하게 하는 것이 좋다. 부모가 아이에게 스킨십을 할 때는 사랑하는 마음에 스스럼없이 껴안고 뽀뽀를 하는 경우가 대부분이다. 그러나 사실 이때 아이에게 먼저 물어봐야 한다. "엄마가 우리 아들 너무 예뻐서 뽀뽀해 주고 싶은데 해도 돼?"라고 말이다. 만약 아이가 싫다고 대답하면 "그러면 안 할게. 해도 될 때 이야기해 줘!"라고 반응해야 아이는 '내가 싫다고 하면 스킨십을 안 하는구나'라는 사실을 배우고 '내 몸은 내가 주인'이라는 개념을 접하게 된다.

반대로 아이가 엄마의 가슴을 계속 만지거나 스킨십을 하다 보니 유치원에서도 선생님이나 친구들을 만져 고민이라는 학부모들도 있다. 이런 경우에는 아이가 엄마의 가슴을 만지거나 뽀뽀를 하려고 할 때, 엄마도 아이에게 확실히 이야기해야 한다. "엄마는 지금 싫어, 여기서는 안 돼"라며 단호하게 손을 빼고 의사 표시를 해서, 아이에게도 상대가 싫을 땐 하지 말아야 한다는 것을 알려 주는 것이다. 어릴 때부터 이런 훈련이 잘 되면 성인이 되어서도 '싫다'라는 의사 표현을 존중하며 성적 동의와 성적 자기 결정권을 주장하고 받아들이는 과정을 자연스레 습득할 수 있다.

아이가 자라 사춘기가 되면 점점 부모와의 스킨십을 피한다. 사춘기를 겪고 성인이 되는 과정에서는 성적 자기 결정권을 배우는 것이 더더욱 중요하다. 특히 아빠가 술을 마시고 들어와 딸에게 예쁘다고 마구 뽀뽀를 하는 경우가 많은데, 이 같은 행동은 피해야 한다. 아이는 '내가 싫다고 해도 하는구나'를 배우게 되기 때문이다. 그런 경험이 쌓이면 나중에 애인과의 성관계에서도 거절을 하기 어려워진다. 아빠도 내가 싫다고 했는데 계속 뽀뽀를 했으니, '싫다고 해도 상대방이 날 좋아하면 어차피 하는구나'라고 느끼게 되기 때문이다.

아이와 스킨십을 할 때 아이의 의사를 존중하는 건 성인이 된 이후의 삶에도 영향을 미치는 중요한 교육이다. 부모가 아이를 사랑하고 인정한다는 의미의 스킨십은 정서적으로 좋지만, 굳이 포옹이나 뽀뽀를 하지 않더라도 충분히 가능하다. 아빠와 아들이 같이 하는 레슬링, 주먹 악수, 어깨 두드리기 등도 충분히 교감을 나눌 수 있는 스킨십이다.

또 한 가지 기억해야 할 점은 아이들에게 억지로 스킨십을 시키지 말라는 것이다. 아무리 어린아이라고 해도 어른에게 용돈이나 선물을 받았다고 해서 포옹이나 뽀뽀로 감사 인사를 하라고 해서는 안 된다. 이런 강제적인 감사 인사는 '특별한 선물을 받았을 때 몸으로 뭔가 해야 하는 건가?'라는 왜곡된 생각을 하게 한다. 아이가 자발적으로 좋아서 하는 건 상관없지만, 억지로 스킨십을 강요해서는 안 된다. 스스로 결정하고 거부할 수 있도록 하면 내 몸을 어떻게 지키고, 남의 몸을 만질 때는 어떻게 해야 하는지 경험하며 자연스럽게 성교육이 된다.

첫 성교육에서
자연스러운 대화법

아홉 살 이전의 아이들에게는 생물학적 성교육을 해도 금방 잊어버리기 때문에 큰 도움이 되지 않는다. 그래서 2차 성징이 시작되는 10대에 접어들고 나서 차근차근 가르쳐 주는 것이 좋다. 이때부터 몇 년 동안 어른의 몸으로 자라는 과정을 겪기 때문이다.

아이의 2차 성징이 시작되고 교제도 이루어지면 많은 부모님이 성교육을 얼른 해야 한다는 조급한 마음을 가진다. 그러나 막상 집에서 처음 성 이야기를 꺼내기 어색하고 어렵기 마련이다. 성에 대한 이야기는 언제든 편하게 하는 것이 가장 좋지만, 처음이라면 친구의 이야기에 빗대어 시도하는 것도 좋다. 예를 들면 "네 친구 중에 여자친구(남자친구) 있는 애들 있어?", "걔네는 어떻게 사귀고 있어?", "너라면 어떻게 할 것 같아?"라고 물으며 자연스럽게 대화를 풀어 가는 것이다.

다만 무엇보다 중요하게 전제되어야 하는 건, 아이와 성에 대한 이야기를 하려면 평소에 일상 대화를 많이 나누는 사이여야 한다는 사실이다. 학교 생활이나 친구 관계 등 사소한 대화를 편하게 나누는 관계여야 성에 대한 이야기도 꺼낼 수 있다. 특히 성교육은 아이가 부모에게 무엇이든 말해도 된다는 신뢰를 주는 것이 가장 중요하다. 성에 대한 대화를 나누고 질문에 대답하는 부모님의 태도는 아이가 앞으로도 부모님과 이런 대화를 나눌 수 있을지를 판단하는 기준이 된다.

성교육을 하는 부모의 성별은 중요하지 않다. 자녀 성교육은 어른으로서 아이에게 해 주는 것이기 때문에 아빠와 엄마가 할 수 있는 이야기를 자녀 성별에 따라 구분할 필요는 없다. 성에 대해서 긍정적인 생각을 하고, 합리적으로 이야기할 수 있으며 아이들과 자주 얘기해서 서로 대화가 통하는 사람이 하면 된다. 대신 부모가 같이 성교육을 한다면 먼저 두 사람이 많은 이야기를 나눈 뒤, 일관적인 가치관으로 이야기해야 한다. '이런 질문에는 이렇게 대답하자'라는 원칙을 만드는 것도 필요하다. 한 사람은 가부장적인데 한 사람은 진보적인 이야기를 하면 아이가 혼란스러울 수 있다.

부모에게 가장 난감한 질문은 아마 "아기는 어떻게 생기는 거야?"일 것이다. 아주 어린 아이에게는 다소 동화 같은 답변을 해도 되지만 10대에 접어들면서는 남녀의 생물학적 차이를 알아야 하는 시기이기 때문에 성관계에 대한 이야기를 피하지 않는 게 좋다. 어른이 되어 나눌 수 있는 사랑의 행위인 성관계는 어떻게 하는 건지, 성관계로 따라올 수 있는 일들은 무엇인지, 아기가 생기는 일부터 성병, 피임 등에 관한 이야기도 할 수 있어야 한다.

물론 부모로서 너무 이르다는 걱정을 할 수도 있다. 하지만 오히려 모르고 부딪치는 것이 더욱 걱정할 일이다. 사람은 누구나 행복하고 건강한 삶을 추구하기 때문에 정확한 정보와 건강한 가치관을 나눠 주면 그렇게 살려고 노력하게 된다. 그러니 아이들을 믿어 주자. 부모가 반드시 기억해야 할 것은 성교육이라는 게 꼭 인체나 성행위에 대한 것이 아니라 어떻게 좋은 사람으로서 인생을 건강하고 행복하게 살아갈 것인지를 배우는 교육이라는 점이다.

유해 콘텐츠에
노출된 아이들

요즘 많은 아이가 미디어나 유해 콘텐츠에 무방비로 노출되어 점점 더 어린 나이에 무분별한 성적 콘텐츠를 접한다. 2021년 시행된 질병관리청 조사에 따르면 우리나라 중, 고등학생 중 성관계를 해 본 학생이 전체의 5.4%였는데, 그중 성관계를 시작한 평균 연령은 14.1세에 불과했다.

낮아지는 성관계 시작 연령이 우려스러운 이유는 여성의 경우 열여덟 살쯤 되어야 자궁 경부 세포가 완전히 성숙해지기 때문이다. 그 전에 너무 일찍 성관계를 하면 자궁 경부암이나 성병에 걸릴 확률이 높아지고, 원치 않는 임신의 확률도 높아지다 보니 몸과 마음이 충분한 준비가 된 이후에 성관계를 갖는 것을 권장한다.

성인이 된 후에 누군가를 사랑하면 정신뿐 아니라 신체적으로도 더욱 친밀한 스킨십을 맺고 싶은 게 자연스러운 일이다. 예전에는 혼전 순결을 지켜야 한다고 할 만큼 성에 대한 금기가 강했지만, 결혼을 30대, 40대에 하는 요즘 시대에 혼전 순결은 현실적으로 지나치게 엄격한 잣대라고 봐야 한다. 사회에서 성에 대한 금기를 너무 엄격하게 만들어 놓는 것도 좋지 않다. 무조건 금기시하는 것보다 올바른 교육을 통해 건강한 성적 자기 결정권을 행사할 수 있도록 하는 일이 우선이다.

아직도 우리나라에서는 청소년기 아이들을 대상으로 하는 성교육이 아이들에게 성적인 자극을 주거나 무분별한 성생활을 부추긴다는 시각이 존재한다. 하지만 네덜란드나 독일의 경우, 어릴 때부터 성교육을 했더니 첫 성경험 시기가 오히려 늦춰졌다는 결과가 있다. 실제로도 10대들이 성관계나 원치 않는 임신에 대한 고민, 피임 도구 사용에 대한 고민으로 상담을 요청하는 경우가 많다.

성에 대해 무작정 감추는 것은 정답이 될 수 없다. 오히려 몸과 마음, 관계를 스스로 잘 관리해야 인생을 더욱 행복하고 유쾌하게 살 수 있다는 사실을 성교육을 통해 적극적으로 알려 줄 수 있어야 한다. 법적으로 금지됐지만 실제로는 접근 가능한 술이나 마약의 위험성에 대해 철저한 교육과 예방이 중요한 것과 마찬가지다.

노년에도 로맨스는
필요하다

섹스리스,
섹스오프 중년

건강한 성생활은 비단 젊은 시절에 한정된 것이 아니라 중년에도 여전히 중요하다. 최근에 한 사회학자가 '2021년 서울시에 거주하는 성인들의 성생활 실태 연구'를 했는데 서울에 사는 성인의 36%가 섹스오프로 밝혀졌다. 한 달에 한 번 이하의 성생활을 하는 경우는 섹스리스, 1년에 한 번도 섹스를 하지 않으면 섹스오프라고 표현한다. 즉 중년, 노년뿐 아니라 젊은 부부도 포함하여 성인 3명 중 1명은 1년 동안 성관계를 한 번도 갖지 않는다는 것이다.

세계적으로 섹스리스가 많아지는 추세이기도 하지만, 국

내에 이런 현상이 나타나는 건 일이나 육아로 바쁜 일상도 주된 원인이 아닐까 싶다. 또 다른 즐길거리가 많다 보니 부부가 조용히 서로 마주할 만한 시간적 여유도 적어지는 추세다. 물론 성관계가 결혼의 전부는 아니지만 부부 관계에서 건강한 성생활은 매우 중요하다. 이는 단순히 몸의 대화가 아니라 마음과 영혼의 대화이고, 깊은 친밀감을 위한 강력한 소통 방법이기 때문이다. 성적 대화가 가능하다는 건 일상의 대화 역시 원활하다는 증빙이기도 하다.

물론 나이가 들면 자연적으로 신체적인 변화가 생기기 때문에 성생활을 유지하는 것이 쉬운 일은 아니다. 여자는 완경 이후 여성 호르몬이 거의 나오지 않게 되고, 남자도 30살이 넘으면 성욕을 부추기는 남성호르몬이 조금씩 떨어진다. 또 나이가 들면 손발은 물론 성기의 혈액 순환도 이전보다 원활하지 않다 보니 점차 성감이 떨어지게 된다.

하지만 반드시 성관계가 아니더라도, 사랑하는 사람과 서로 스킨십을 하며 친밀감을 나누는 것은 정서적으로 큰 위안이 되는 일이다. 나이가 들어도 내 인생에 누군가가 함께 있고, 세상을 떠나는 날까지 손을 꼭 잡으며 당신 덕분에 행복했다고, 사랑한다고 말해 준다면 그 삶에서 얻는 위안과 행복을 무엇과 비교할 수 있을까. 많은 사람이 중년이나 노년은 무성적인 존재로 살아가야 한다고 생각하지만, 성과 사랑은 젊은 이들만의 전유물이 아니다. 사람은 누구나 몸과 마음을 교류

하는 따뜻한 사랑의 온기가 필요하기에, 중년이나 노년이라도 마음껏 사랑할 자격이 있다.

내 삶에서 가장
빛나고 행복한 순간

학생들이 가장 가까운 거리에서 지켜본 사랑과 결혼의 케이스는 바로 부모님이다. 그래서 수업 중 결혼을 다시 생각하고 이해해 보는 생생한 교육의 장으로 부모님의 결혼에 대해 취재하는 '결혼 탐색 인터뷰' 과제를 내준다. "엄마는 왜 그때 결혼했어요?", "아빠는 왜 수많은 사람 중에 엄마랑 결혼했어요?", "결혼은 부모님 인생에 어떤 의미인가요?", "결혼에 대해 조언하고 싶은 말이 있나요?" 등의 질문을 던져 보는 인터뷰다.

부모님이 이혼이나 사별한 경우라도 일정 시간이 지난 상황이라면 되도록 과제를 해보라고 한다. 아이들이 부모님의 상처를 건드릴까 봐 겁내는 경우가 있는데, "어른들은 너희 생각보다 훨씬 강해. 이혼하셨기 때문에 결혼에 대해 더 많은 생각을 해 보셨을 거야"라고 말해 준다.

이 인터뷰는 과제를 핑계로 부모가 자녀에게 인생 선배로서 사랑과 결혼에 대해 허심탄회하게 이야기하고 조언을 하는 기회가 되기도 한다. 또 학생들뿐 아니라 부모님 자신도 내 인생에서 결혼이 어떤 의미였는지 다시금 생각해 보게 된다. 한 번은 어머니와 대학생인 두 딸은 한국에서 살고 아버지는 외국에서 일하며 1년에 두 번 정도만 한국에 온다는 학생이 있었다. 그런데 이 인터뷰를 통해 어머니가 왜 아버지와 함께 살지 않는지 이야기를 나눴고, 그때 어머니도 문득 본인이 어디에 사는 게 좋은지 생각하게 되셨다고 한다. 그동안 아이를 키우느라 두 딸이 대학생이 된 후에도 이 문제를 고민할 기회가 없었던 것이다. 이 대화를 계기로 딸 둘이서 살 수 있도록 한국 생활을 정리하고 어머니는 남편 곁으로 떠났다. 누군가 질문을 던지고 나서야 인생을 돌아볼 수 있었다며 고맙다는 인사를 남기셨다.

특히 학생들 중 '평소 부모님과 대화를 안 해서 인터뷰가 어렵다'는 반응을 보이는 경우도 있는데, 간단하게라도 좋으니 꼭 시도해 보라고 한다. 그러면 이 과제를 핑계로 부모님과 처음으로 맥주를 마시면서 대화하는 기회를 갖고, 이를 통해 부모님의 사랑을 다시금 느꼈다는 학생들이 많다. 부모님들은 하나같이 '우리가 결혼해서 너를 만났으니 후회 안 하지', '너를 키운 게 내 인생의 보람이야' 같은 말씀을 해 주시기 때문이다. 부모님이 서로를 신뢰하고 잘 지내려 한다는 걸 알게 되면서 안심도 하고, 특별한 누군가와 서로 의지하면서 사는 삶을 긍정적으로 생각하게 되었다는 학생들도 있다.

'성'이란 결국 우리의 삶, 그리고 그 삶을 관통하는 사랑에 대한 이야기다. 나이가 들어 삶이 무료하고 배우자와 스킨십이나 사랑이 없다고 느껴질 때는 내 옆에 있는 사람을 처음 사랑했던 순간, 그리고 사랑을 하면서 반짝거렸던 내 모습을 떠올려 보자. 인생이 충만해지는 그 소중한 경험을 포기하지 말고 모두가 마음껏 누리기를 바란다. 사랑하는 사람과 함께할 때 세상은 더 아름답고, 사랑하고 사랑받는 존재일 때 우리는 더욱 행복한 존재가 되니 말이다.

삶은 어느 날 구원자가 나타나 모든 걸 해결하고 바꿔 주지 않는다. 다만 인생의 힘든 시간이나 슬럼프를 겪어 내기 위해 우리에게는 위로의 말이 필요하다. 서로가 듣고 싶은 말을 쉽게 건넬 수 있게 되어서, 언젠가는 소통 전문가의 자리가 사라지는 세상이 오기를 바란다. 이미 주변의 가까운 사람들과 풍부한 위로와 격려를 주고받고 있어서 굳이 소통을 배울 필요가 없는 세상, 자신과 주변 사람에게 따뜻한 말을 얼마든지 전할 수 있는 세상이 온다면 모두가 훨씬 더 '잘 먹고 잘 사는' 삶을 누리게 될 것이다.

3강

잘 먹고 잘 사는
유일한 비결, 소통

김창옥

소통 전문가

김창옥
소통 전문가

제주도에서 공업고등학교를 졸업하고 대학 입시에
실패한 후 해병대에 자원 입대했다. 고등학생 때
음악을 통해 마음을 여는 길을 찾고자 했던 꿈을
놓지 않고 뒤늦게 경희대 성악과에 입학했다.
그 후 열등감과 실패를 수차례 딛고 일어서,
'나도 좋아졌으니 다른 이들도 좋아질 수 있지
않을까?'라는 생각으로 강의를 시작했다. 특유의
유머와 표정, 자신의 상처와 우울까지 가감 없이
드러내는 진정성 있는 강의로 감격과 공감의 장을
선사하는 김창옥. 항상 자신을 낮추며 '사람들이
용기를 갖고 자신이 좋아하는 일을 할 수 있도록
마음의 시동을 걸어 주는 사람'이라고 설명하는
그는 오늘도 대한민국 최고의 소통 전문가로서 삶을
살아갈 위로와 용기가 필요한 이들과 함께하고 있다.

평생 함께할 내 사람을
발견하는 방법

사이 좋은 관계란
무엇일까

　다신 꼴도 보고 싶지 않은 사람에게 '잘 먹고 잘 살아라!' 라는 반어적인 덕담을 할 만큼 사람은 누구나 궁극적으로 잘 살고 싶어 한다. 어떤 분야에서 어떤 일을 하든, 어떤 마음으로 어떤 시간을 보내든 결국 잘 사는 게 목표다. 그런데 '잘 산다'는 것은 무엇일까? 흔히 돈이 많은 집을 '잘 산다'고 표현한다. 그러나 정확히 말하면 그건 부자인 것이고, 돈이 없으면 '못 사는' 게 아니라 '가난한' 것이다. 소통 전문가 김창옥은 재산과 별개로 잘 사는 집이란 '사이가 좋은 집'이라고 정의한다. 그렇다면 사이가 좋은 집의 특징은 무엇일까?

《동의보감》에는 '통즉불통 불통즉통(通卽不痛, 不通卽痛)', 즉 '소통이 되면 고통이 없고 소통이 안 되면 고통이 온다'는 말이 쓰여 있다. 최소한의 의식주가 보장된 이후 인간의 고통은 대부분 '불통'에서 비롯된다. 모든 관계의 헤어짐에서 흔히 말하는 '성격 차이'를 현실적으로 표현하자면 '말이 안 통한다'는 뜻이다. 더는 말하고 싶지 않으니 침묵하고, 침묵이 결국 헤어짐을 부르는 것이다. 사이가 원만해지려면 소통이 필요하다. 그래서 잘 사는 비결은 소통에 있다.

결혼식이 아니라
결혼을 준비하라

결혼을 하게 되면 보통 식장을 예약하고 드레스와 턱시도, 상견례나 신혼여행 등의 절차를 하나씩 준비한다. 그런데 사실 결혼 준비는 '결혼식'이라는 행사가 아니라 두 세계가 겹쳐진 이후의 '결혼' 자체를 준비하는 것이 훨씬 중요하다.

독립된 두 성인이 만나 하나의 가정을 꾸리는 결혼이란 서로 다른 세계에서 살던 두 사람이 하나의 세계를 구축하는 일이다. 각자 다른 문화가 익숙하기에 당연히 상대는 내 마음과 같지 않을 수 있다. 세상에 나와 100% 맞는 사람은 없다. 심지어 나 자신도 나를 온전히 만족시킬 수 없는데 어떻게 다른 사람의 마음에 완벽하게 들고, 또 누군가가 나에게 완벽하게 맞춰 주기를 기대할 수 있을까?

　나와 잘 맞는 상대를 찾고 싶을 때 가장 피해야 하는 건 바로 외적인 조건만 보고 결혼을 선택하는 것이다. 특히 남성의 뇌는 매력적인 여성을 단 0.2초 만에 구분한다는 말이 있다. 즉 매력적인 여성을 만났을 때 그 사람에 대해 깊이 알지 못한 채로 도파민이라는 일종의 환각성 물질이 분비되는 것이다. 도파민에 취해 있을 때는 잠도 오지 않고, 배도 고프지 않다. 무엇보다 상대방이 듣기 좋은 말을 하려고 노력한다. 하지만 인간의 뇌는 같은 시각 정보에 일정 시간 이상 반응하기 어렵게 되어 있어, 도파민은 점점 떨어진다. 분명 작년 가을에 마음에 쏙 드는 옷을 몇 벌 쇼핑했는데도 계절이 한 바퀴 돌고 나면 옷장에 입을 옷이 없는 이유도 그래서다. 인간의 뇌는 길들여지면 더 이상 고마워하지 않는다. 일, 관계, 물건, 삶도 마찬가지다. 아무리 외적인 매력이 뛰어나도 결국 뇌가 반응하지 않는 순간이 오기 때문에 호르몬의 강한 반응으로만 결혼을 선택하는 실수는 범하지 않아야 한다.

　또 한 가지 기억해야 할 건 너무 외로울 때 상대를 만나면 실패할 확률이 높다는 점이다. 서양 속담에 '저녁에 의자를 사지 말라'는 말이 있다. 종일 고되게 일하고 난 저녁에는 다리가 아파서 모든 의자가 편해 보이고 아무 데나 앉고 싶어지기 마련이다. 외로울 때는 사람을 보는 판단력이 흐려지고, 홀로

서기가 제대로 안 될 때는 남과 더불어 살기도 어렵다. 발레에서 처음에 군무를 하다가 실력이 쌓이고 나면 솔리스트로 독무를 춘다. 그리고 아주 훌륭한 솔리스트만이 발레리노와 둘이서 같이 무대에 서는 프리마돈나가 될 수 있다. 혼자서 충분히 잘해 낼 수 있어야 함께도 잘할 수 있다는 이야기다.

그래서 누군가를 배우자로 맞이하고 함께하기 위해 우선 자기 자신을 잘 들여다보고 내가 뭘 좋아하는지, 뭘 원하는지 알아야 한다. 결혼을 준비할 때도 어디에서 결혼식을 올리고, 신혼여행은 어디로 갈 것인지, 나중에 자녀는 몇이나 낳을 것인지를 상의하는 것이 전부가 아니다. 집안일을 어떻게 분담할지, 저녁은 몇 시쯤 먹을지, 서로가 아프면 어떻게 할 것인지와 같은 가장 평범한 보통의 일상을 서로와 공유하고 계획해 나가는 게 더 중요하다. 서로 다른 문화에서 다른 언어를 쓰며 살아온 두 사람이 함께 살아가기 위해 맞춰가는 과정에서는 아주 많은 대화가 필요하다. 분명한 건 서로가 잘 살기 위한 유일한 해답이 바로 그런 소통에 있다는 점이다.

삶이 괴로울 때
진정한 내 사람을 만난다

중요한 약속이 있어서 한껏 차려입고 나왔는데 사람이 많은 길을 걷다 갑자기 넘어진다면 어떨까? 순간적으로 시간이 느리게 가는 듯한 느낌이 들 것이다. 넘어진 지 5초도 되지 않았는데 5분은 지난 듯하고, 아프지도 않다.

이처럼 사람은 살면서 가장 힘들 때 시간이 느리게 느껴지는 경험을 하게 된다고 한다. 마치 그 순간이 영원히 끝나지 않을 것만 같다. 이때 우리의 뇌는 연사를 찍듯 시간을 잘게 쪼개어 그 순간을 길게 늘리는 중이다. 이와 비슷한 상황이 또 발생했을 때 최대한 주의하여 대비하기 위해서다.

삶의 힘든 순간에 옆에 있던 연인이나 배우자가 서운한 행동을 하면 그만큼 오랫동안 기억하는 경우가 많다. 아내가 임신했을 때 남편이 잘못 행동하게 되면 결혼 생활 내내 몇 번이고 계속 이야기하게 되는 이유도 그래서다. 그만큼 깊게 각인된 상처이기에 쉽게 해소되지 않는 것이다.

반대로 실패의 순간에 내 옆에 있었던 사람에 대한 고마운 기억 역시 그만큼 오랫동안 남는다. 내가 잘나갈 때는 옆에서 아무리 치켜세우고 칭찬을 해도 그리 큰 감흥으로 와닿지 않는다. 하지만 가장 초라한 순간에 누군가 곁에서 나의 가능성을 믿어 준다면 어떨까. 살다 보면 나 자신도 나를 믿지 못하는 순간이 온다. 그럴 때 내게 믿음을 갖고 확신을 주는 사람이 있다면, 그 사람은 나의 현재가 아니라 미래의 여백을 보는 힘이 있는 사람, 나를 다시 일으켜 세울 수 있는 사람이다.

결국 삶의 역경과 고난의 구간을 걸어갈 때 진정한 내 사람을 구분할 수 있다. 그때 멀어지는 사람이라면 떠나보내는 것이 나 자신을 위해서도 더 낫다. 우리의 시간과 에너지는 한정되어 있다. 정말 나를 위하고 내 곁에 있어 주는 소중한 사람들에게 쓰기에도 부족하다.

관계를 결정하는 것은
각자의 언어다

내 안의 '셀프 텔러'를 만나라

우리는 '소통'이라고 하면 보통 나와 외부 세계의 관계를 떠올린다. 하지만 모든 소통의 근원은 바로 '나'이다. 원활한 소통을 위해 내 안의 목소리에 먼저 귀를 기울여야 한다. 자기 자신과 말이 안 통하고 사이가 좋지 않은 사람은 타인과의 좋은 관계를 맺기 어렵다.

모든 사람에게는 자기 자신에게 말을 거는 '셀프 텔러 (Self-teller)'가 있다. 이 마음의 목소리는 주로 살다가 힘든 일을 겪을 때, 혹은 중요한 일을 결정할 때 나에게 말을 걸어 온다. 예를 들어 심하게 넘어지거나 교통사고를 당했을 때 '몸이 안 다쳐서 천만다행이야', 혹은 '어쩐지 아침부터 운이 나쁘더라, 그럴 줄 알았어'라는 목소리가 저절로 내 안에서 떠오른다. 이때 누군가의 셀프 텔러는 따뜻하게 자신을 위로하고, 또 누군가의 셀프 텔러는 포기한 듯이 비아냥거리기도 한다.

그 소리는 어디에서 왔을까? 시냇가나 계곡에서 흘러나온 물이 모여 강이 흐르고 바다가 되는 것처럼, 우리도 삶에서 다양한 영향을 받아 각자의 내면에 있는 셀프 텔러의 목소리가 만들어진다. 나를 대하는 부모님의 언어, 친구들과의 관계, 내 주변인들의 행동 하나하나가 나라는 바다를 이루는 물줄기가 되는 셈이다.

외국 영화를 보면 아이가 실수로 접시를 깼을 때, 놀란 엄마가 제일 먼저 하는 말이 있다. "알 유 오케이(Are you ok)?" 접시가 아니라 아이에게 먼저 '너 괜찮니?'라고 물어보는 것이다. 삶은 언제든 깨질 수 있는 연약한 접시와 같다. 사업이 잘되다가도 무너질 수 있고, 차곡차곡 잘 준비했던 시험을 망칠수도 있다. 부부 관계는 물론이고 부모 자식 간의 관계가 어떤 갈등으로 인해 깨지기도 한다.

나의 소중한 것들이 깨지는 순간에 우리가 제일 먼저 듣고 싶은 말은 뭘까? "괜찮아? 많이 놀랐지?" 그 따스한 위로 한 마디가 가장 절실히 필요할 것이다. 우리가 살면서 보고 들었던 사랑의 언어와 표정 들은 별것 아닌 듯해도 자기도 모르게 쌓이고 쌓여서 자신의 언어, 나만의 셀프 텔러가 된다. 좋은 언어를 가진 셀프 텔러는 외부로부터 나를 보호하는 무기

70

가 되어 준다. 반대로 살면서 위로를 받은 경험이 적다면, 부정적인 언어를 쏟아 내는 셀프 텔러를 만들어 낼 수도 있다.

우리는 어떤 언어를 가지고 있고, 또 내가 결혼하고 싶은 상대방은 어떤 언어 속에서 살며 자신만의 세계를 만들었을까? 셀프 텔러의 목소리에 귀를 기울여 보자. 소통을 위해 자신과 상대의 언어를 들여다보고, 서로에게 필요한 따뜻한 언어의 물줄기를 흘려보낼 수 있어야 한다.

사기를 높이는
말의 힘

우리나라의 가부장적인 아버지들은 칭찬에 인색한 경향이 있다. 자녀가 "아버지, 저 이번에 시험 합격했어요"라고 자신의 성과를 자랑할 때 대부분의 아버지는 어떻게 대답할까? "네가 해낼 줄 알았단다"라는 칭찬보다 "겸손해라!"라고 조언하는 분들이 많다. 그러다가 결국 아들의 시험 합격을 축하하기보다 "자만하지 마라, 나는 더 힘들게 컸어"라며 자신이 겪은 시절에 대한 이야기로 마무리되어 버린다. 한국 자녀들에게는 익숙한 풍경이 아닐까 싶다.

아버지들이 이렇게 이야기하는 이유는 당신이 겪은 힘든 시절을 뇌가 각인하고 있기 때문이다. 자녀의 성공이 자칫 깨질까 봐 불안한 마음에 축하와 응원 대신 주의와 경계로 울타리를 세우려는 마음이다. 하지만 아버지가 간과한 점이 하나 있다. 전쟁은 '군기'뿐만 아니라 '사기'가 높아야 한다는 점이다. 가끔은 인생도 마치 전쟁처럼 느껴질 때가 있다. 전쟁 같은 삶에서 승리하려면 일머리, 성실함, 집요함과 같은 일종의 '군기'가 필요하다. 하지만 아무리 똑똑하고 전략이 훌륭하다고 한들 군기만으로는 승리할 수 없다. 중요한 전투를 앞두고 더욱 필요한 것은 바로 '사기'다. 사기가 떨어지면 전략을 제대로 수행할 수조차 없다.

그래서 전투를 앞둔 장군은 병사들을 앞에 두고 연설을 한다. 사기를 높이는 방법은 대부분 '말'에 달려 있기 때문이다. 일상에서도 중요한 일을 앞두고 있을 때 마찬가지로 어떤 말을 듣느냐에 따라 사기가 오르기도 하고 떨어지기도 한다. 그런데 사기가 떨어져 있으면 결정적인 순간에 주춤하면서 실력 발휘를 못하고 미끄러진다. 말 한마디가 내 안에 있는 능력을 부풀릴 수도 있지만 제한할 수도 있다.

부부 사이에서 가장 사기를 떨어뜨리는 말도 '명령조'의 말이다. 부부끼리 평소에는 반말을 하더라도 가끔은 존댓말을 사용하면 어떨까. 명령 체계가 기본인 군대에서도 지휘관보다 부사관의 경력이나 나이가 많을 때에는 부탁하듯 존댓말을 사용한다. 부드러운 존댓말은 서로의 마음을 불필요하게 해치지 않고, 존중하는 마음을 표현할 수 있는 쉬운 방법 중 하나다.

진정한 칭찬과
인정의 대화법 '감탄'

몇 년 전, 아버지가 돌아가셔서 빨리 제주도에 내려가야 하는데 하필 그날 강의와 촬영 스케줄이 잡혀 있었다. 수개월 전부터 준비된 일정이라 취소하는 것도 불가능했다. 어쩔 수 없이 스케줄을 소화하고 내려갈 생각에 일단 강연장으로 향했다. 평소와 같은 밝은 텐션으로 강연을 진행할 수 없어 마음이 무거운 한편, 강연을 들으러 일부러 모인 청중에게 미안해 솔직하게 상황을 털어놓았다.

"여러분이 저를 초청해 주신 건 신나게 해 달라고 부르신 건데, 실은 아침에 아버지가 돌아가셨어요. 신나게 진행하지 못해서 죄송합니다."

그 말이 끝나자마자 100여 명의 청중들이 일제히 안타까움의 탄식을 내뱉었다. 그 순간, 마음속에 큰 종소리가 울린 것처럼 어떤 떨림이 찾아왔다. 그 종소리가 순간적으로 마음속에 가득 차 있던 슬픔을 밀어내는 듯했다. 그날 불현듯 깨달은 사실이 있다. 인간은 슬픔을 이겨 내는 것이 아니라, 슬픔이 사라질 때까지 그저 견딜 뿐이라는 것. 그리고 내 슬픔을 타인이 공감해 줄 때 비로소 우리는 그 슬픔의 구간을 견딜 수 있게 된다는 것이다.

기쁨도 마찬가지다. 슬픔은 나누면 절반이 되고, 기쁨은 나누면 두 배가 된다고 하듯, 자신의 기쁜 일을 자신보다 더 기뻐해 주는 사람이 있을 때 기쁨은 더욱 커지고 온전히 마음속에 흡수된다.

슬픔을 나누는 구체적인 방법이 공감과 위로라면, 기쁨을 나누는 방법은 무엇일까? 그 답은 바로 '칭찬'이다. 한국은 유독 평가가 많고 감탄에 각박한 경향이 있다. 한국 사람들은 칭찬의 방법을 잘 모른다. 우리가 평소에 하는 대화를 돌아보면 상대방을 주인공으로 만들어 주기보다 자신이 주인공인 화법을 많이 쓴다. 칭찬을 잘하지 못하는 이유는 자신도 받아보지 못했기 때문이다.

배우자가 좋은 성과를 거뒀을 때 같이 기뻐하고 칭찬하기 위해 흔히 하는 말이 바로 "잘했어"다. 그런데 잘했다는 말은 사실 칭찬보다 내 위주로 상대방을 평가하는 말에 가깝다. 심지어 "수고했어"라고 말하는 경우도 있다. 이 말도 역시 주로 윗사람이 아랫사람에게 쓰는 말로 수직적인 느낌을 준다.

진심 어림 칭찬은 순수한 감탄에 담겨 전달된다. 사람들이 자신의 성과를 말할 때 내심 상대방이 자신보다 더 기뻐해 주기를 바라는 마음이 있다. 이때 아무런 평가가 담겨 있지 않은 "와, 대단하다!", "정말 멋지다!", "와, 너무 좋겠다!", "나도 좋은데 당신은 얼마나 좋을까?"라는 감탄사를 내뱉으면 그것이야말로 진짜 칭찬으로 와닿는다.

상대방이 나를 위해 무언가 해 주었을 때 고마움을 표현하는 말도 마찬가지다. 배우자가 퇴근길에 과일을 사 왔을 때 "딱 먹고 싶었는데 어떻게 내 마음을 이렇게 잘 알았어?"라고 표현하면 상대는 인정받는 기분을 느낀다. 물론 이런 표현이 쑥스러울 수도 있지만, 그럴 땐 같은 의미를 자신만의 언어로 바꾸어 표현해도 된다. 정확한 단어가 중요한 것이 아니라 당신의 행동에 대한 내 마음, 진심 어린 인정과 칭찬을 표현한다는 부분이 중요하다.

상대방의 배려를 당연하게 생각하고, 고마움을 표현하지 않으면 점차 섭섭함이 누적된다. 가장 가까운 관계에서 서로에 대한 칭찬에 각박하면 성과를 내도 그만큼 삶의 질이 나아진다고 느껴지지 않고, 마음이 우울하며 허망해진다.

우리가 선뜻 칭찬을 하거나 받는 게 어색한 이유는 낯선 모습을 부자연스럽다고 느끼기 때문이다. 그런데 자연스럽다는 건 태초부터 정해진 것이 아니라, 자주 접하고 길들여져 익숙해진 것을 말한다. 어릴 때부터 익숙하게 접하지 않은 종류의 표현은 마치 외국어처럼 들린다. 하지만 실제 외국어라도 새로운 언어를 배울 의지만 가지면 얼마든지 새롭게 배울 수 있다. 그러니 좀 어색하더라도 칭찬이 담긴 감탄사를 내뱉어 보자. 그러다 보면 어느 순간 자연스럽게 나의 세계, 우리의 세계에 칭찬의 언어가 스며들 것이다.

지친 일상을 위로하는
마음가짐

마음의 가장 비싼 땅에
공원을 짓자

인간은 에너지를 소모하면 지치게 되고, 지친 마음은 충전해 줘야 한다. 충전의 방식은 여러 가지가 있지만 가장 간단한 방법은 스트레스를 없애는 것이다.

인간은 스트레스를 많이 받으면 우선 배가 고프다고 착각한다. 분명히 식사를 했는데도 속이 허하고 끊임없이 먹을 게당긴다면 그건 배가 고픈 게 아니라 정서가 허기진 경우가 대부분이다. 그래서 스트레스가 심할 때는 주로 맵고 자극적인음식이 먹고 싶어진다. 그보다 더 스트레스를 받는 날에는 술이 당긴다. 문제는 이처럼 자극적인 음식이나 술로 스트레스를 해소하려고 하면 당연히 건강을 해친다는 것이다.

스트레스를 받지 않으려면 어떻게 해야 할까. 스트레스를 받지 않는 것보다 중요한 건 잘 털어 내는 것이다. 방치하고 축적된 스트레스는 삶을 위협한다. 중간중간 어깨에 쌓인 눈을 털어 내듯이 스트레스를 해소하지 않으면 눈이 쌓여서 집이 무너지듯 언젠가는 눈더미에 짓눌리게 된다.

뉴욕은 한가운데에 센트럴 파크가 있다. 19세기 미국의 조경가 프레드릭 로 옴스테드는 뉴욕의 중심에 공원을 만들어야 한다고 주장했다. 미국이 한창 산업, 금융, 문화의 중심지로 떠오를 때 발전하는 도시의 금싸라기 땅에 공원을 만든다는 건 다소 의아한 일이다. 하지만 그는 공원을 만들지 않으면 향후 100년 이내에 공원 면적만큼의 정신병원이 필요할 것이라는 충격적인 예언을 했다. 결국 그의 말대로 공원이 조성되었고, 센트럴 파크는 실제로 뉴요커들이 짬짬이 스트레스를 해소하는 쉼터가 되었다.

사람도 바쁘고 하고 싶은 일이 많을수록, 내 수입이 많아지고 발전 가능성이 높을 때일수록 마음에 공원을 만들어야 한다. 외진 곳이 아니라 가장 비싼 땅, 마음의 중심지에 말이다. 그곳은 반려견과 산책을 하고, 태양 아래에서 일광욕을 하고, 도시락을 먹으면서 피크닉을 하는 공간이다. 공원에 정장을 차려입고 가는 사람은 없다. 편안한 운동복을 입고 마음의 공원에 자주 드나들어야 한다.

많은 사람이 생산적이지 않은 활동에 소비하는 시간을 아까워한다. 휴식을 취할 시간에 일을 해서 '물 들어올 때 노 저어야 한다'고 생각하는 사람도 많다. 그러나 노만 젓다 보면 몸이 지치고, 가족을 자주 못 보고, 포기하는 것들이 생긴다. 성공 후에 돌려받을 수 있다고 생각하지만 노력한다고 모두 성공하는 것도 아니고, 설령 원하는 자리에 간다고 한들 정말 소중한 것들을 이미 잃은 후일 수도 있다. 가족과 친구들에게서 멀어지고, 심지어 나 자신을 잃기도 한다. 거기에 건강까지 잃는다면 더 심각하다.

성공은 정답의 문제가 아니라 선택의 문제다. 힘차게 나아가기 위해서는 내 몸이 눈덩이에 짓눌리지 않아야 한다. 그러려면 어깨에 쌓인 스트레스를 털어 내는 시간이 필요하다. 소중한 나 자신, 사랑하는 주변 사람들과 맞바꿔야 하는 성공이 의미가 있을까? 삶의 요소들을 성공과 실패로 구분짓지 말자. 잃은 것이 아니라 얻은 것을 생각해 보는 것이다. 정신적으로나 신체적으로 건강한 삶을 유지하는 것이 모든 일의 출발점이다.

인생의 슬럼프에서
듣고 싶은 말

　21년 동안 강연을 하면서 두 번 정도의 슬럼프를 겪었다. 7~8년 정도는 무난하게 승승장구했는데 어느 순간 사람들에게 보여지는 자신과 스스로 생각하는 자신의 모습에 간극이 생기기 시작했다. 늘 단단하고 밝은 모습으로 강단에 서는 사람으로서 힘든 모습을 보이고 싶지 않아 도망치듯 프랑스에 있는 수도원으로 향했다. 종교와 상관 없이 동양인이 거의 없는 곳에서 조용한 충전의 시간을 보내야겠다는 생각이었다.

　수도원은 '낮에는 소침묵, 밤에는 대침묵'이라는 규칙이 있었다. 낮에는 꼭 필요한 대화만 가능하고, 저녁 식사 이후부터 다음 날 오전 식사 전까지는 어떤 말도 해선 안 된다는 규칙이다. 그런데 고요해지면 마음이 편할 줄 알았더니, 여전히 어딘가 불편했다. 여태껏 강사로서 설명하고 설득하며 논리를 전하는 게 일이었는데 말을 할 수 없으니 모든 의욕이 사라지고 매력도 없어지는 듯했다. 마치 억지로 브레이크를 밟은 채 끌려가는 것 같았다.

　수도원의 일과 중 하나는 산책이었다. 산책 후에 마음이 편해지면 기도를 하고, 종교가 없으면 자신과의 대화를 하라고 한다. 그때 두 가지 규칙이 있는데 하나는 '짧게 하라', 또 하나는 '거짓말하지 말라'는 것이다. 단순한 규칙인데도 참 어려웠다. 소통 전문가인데도 자신과의 소통은 쉽지 않다는 것을 새삼 깨닫는 순간이었다. 그렇게 2주 정도를 방황했다. 그러다 어느 순간, 모든 게 고요해지며 어디에선가 정확한 목소리가 들려왔다.

"그래, 여기까지 잘 왔다."

꿈인지 현실인지는 중요하지 않았다. 그 목소리를 듣고 지금까지 달려온 시간이 마치 영화처럼 스쳐 지나갔다. 그렇게 인생의 첫 번째 슬럼프를 넘길 수 있었다. 그 이후로 다시 강연을 진행하면서 사람들에게 해 주어야 하는 말이 무엇인지도 깨달았다.

"여기까지 잘 오셨습니다. 여러분 모두의 삶이 각기 영화나 드라마 같지 않은 분들이 없었을 거예요. 그 모든 역경을 딛고, 잘 오셨습니다."

삶을 살다 보면 때로 무너지고 자기 자신을 의심하며 멈춰설 때가 있다. 그때마다 우리가 가까운 사람들에게 듣고 싶은 말은 분명하다.

"너 괜찮아. 지금도 괜찮아. 딱 좋아."

이런 인정과 믿음의 말은 사랑 고백보다도 강력하게 우리를 감싸고 일으켜 세운다. 설령 주변 사람이 아니라도 책의 한 구절이나 강연, 노래 가사의 한마디에 눈물이 나고 요동치는 감정을 느낀다. 그만큼 우리가 위로에 목말라 있다는 증거다.

삶은 어느 날 구원자가 나타나 모든 걸 해결하고 바꿔 주지 않는다. 다만 인생의 힘든 시간이나 슬럼프를 겪어 내기 위해 우리에게는 위로의 말이 필요하다. 서로가 듣고 싶은 말을 쉽게 건넬 수 있게 되어서, 언젠가는 소통 전문가의 자리가 사라지는 세상이 오기를 바란다. 이미 주변의 가까운 사람들과 풍부한 위로와 격려를 주고받고 있어서 굳이 소통을 배울 필요가 없는 세상, 자신과 주변 사람들에게 따뜻한 말을 얼마든지 전할 수 있는 세상이 온다면 모두가 훨씬 더 '잘 먹고 잘 사는' 삶을 누리게 될 것이다.

주변을 돌아보면 크고 작은 위기에 처한 사람들이 있다. 우리가 그들의 삶을 뒤바꾸고 구원할 수는 없지만, "많이 힘들었지?" 한마디를 건네는 것은 결코 어렵지 않은 일이다. 위기 협상 현장에서는 말 한마디로 자살 시도자의 생명을 구하고, 인질범이 인질을 풀어 주게 만들고, 흉악범이 자수하게 하기도 한다. 주변 사람의 관심과 말 한마디가 어둠에 잠긴 누군가의 세계에 작은 촛불 하나를 켜 준다면, 그 온기로 누군가는 오늘을 살아갈 것이다. 그러니까 우리는 사실 누군가의 말 한마디에 기대어 세상을 살아가는 것인지도 모른다.

4강

사람을 살리는
협상의 대화

이종화
위기 협상가

이종화
위기 협상가

1985년 경찰대학을 1기로 졸업하고, 프랑스 파리 제10대학에서 정치학 석사 학위, 리옹 제2대학에서 행정학 박사 과정을 수료했다. 1998년부터 2002년까지 국제형사경찰기구 인터폴에서 특수 수사관으로 근무했다. 2005년 미국 FBI 아카데미, 2009년 NYPD의 인질 협상 교육을 들으며 협상에 대해 눈을 떴다. 이후 한국에 들어와 경찰대 교수로 재직하며 '위기 협상 전문화 과정'을 국내에 최초로 도입했다. 2013년에는 경찰대학에 위기 협상 연구센터를 설립했고, 2014년에는 지방청에 위기 협상팀을 조직하는 데 기여했다. 현재는 국내 유일 위기 협상 컨설팅 회사 ㈜CNS의 대표이자 한국위기협상학회장을 맡고 있다.

우리는 누군가의 말 한마디에
기대어 살아간다

말 한마디의 힘

범죄 현장을 다루는 영화 속에서 경찰이 인질극을 벌이는 범인을 달래며 조심스레 협상을 시도하는 긴박한 장면을 본 적이 있을 것이다. 이종화 교수는 바로 이런 위기 상황에 대화로 사람을 구하는 국내 1호 '위기 협상 전문가'다. 국제 형사경찰기구 인터폴에서 특수 수사관을 역임했고, 우리나라 경찰대학에 '위기 협상 전문화 과정'을 최초로 도입했다. 그런 그가 30년 넘게 사건 현장에서 위기 협상가로 일하면서 느낀 건 말 한마디가 사람을 죽일 수도, 살릴 수도 있다는 것이다.

보통 인질 사건이라고 하면 테러범의 인질극이나 은행 강도 사건 등을 떠올린다. 그러나 사실 현장에서 가장 자주 접하는 인질 사건은 가정 폭력과 데이트 폭력, 그리고 자살 사건이다. 가족이나 연인, 그리고 스스로를 인질 삼는 것이다. 이런 상황에서 강제로 진압하려 하면 인질이 다칠 확률이 매우 높아진다. 누구도 다치지 않고 무사히 상황을 마무리하는 비결은 바로 대화와 설득이다. 실제로 이종화 교수가 투입된 사건에서 피해자와 가해자의 생존률은 모두 100%였다.

위기 상황에서 사건을 해결하고 사람을 구하는 협상의 대화는 어딘가 특수할 것 같지만, 사실 일상 속에서 경험하는 좋은 대화의 핵심과 크게 다르지 않다. 우리의 일상 속 말 한마디가 갖는 힘은 생각보다 강하다. 말은 관계를 더 친밀하게 만들기도 하고, 때로는 돌이킬 수 없을 만큼 악화시키기도 한다. 생명을 구할 수도 있는 말 한마디, 서로에게 기대어 살아갈 수 있게 하는 대화법의 핵심은 무엇일까.

문제 해결보다
감정에 집중하라

만약 명절을 보내고 집에 왔는데 아내의 기분이 안 좋아 보인다면, 남편은 어떤 반응을 보일 것인가?

남편   왜 그래? 또 뭐가 문제야?

아내   아니, 당신 어머님은 왜 그러시는지 모르겠어.

남편   그만 좀 해. 나보고 어쩌라는 거야?

각 가정에서 흔히 들을 수 있는 이런 대화는 서로의 불만을 해소하는 데 전혀 도움이 되지 않는다. 갈등 상황에 부딪쳤을 때 이를 푸는 가장 좋은 방법은 '문제 해결'이 아니라 '감정'에 초점을 맞추고 상대방의 감정을 읽는 것이다. 이 상황에서 남편은 "지금 화가 나 보이는데, 무슨 일 있어?"라고 물으며 해결책이 아니라 기분에 집중해야 한다. 아내 역시 본인의 힘든 마음과 감정을 남에 대한 비난으로 표현하기보다 나를 주어로 하는 '아이(I) 메시지'로 이야기하는 것이 좋다. "나는 나름대로 애썼는데, 인정을 못 받는 것 같아서 너무 속상했어"라고 자신의 주관적인 감정을 표현하는 것이다. 그러면 남편도 "당신이 인정을 못 받는 기분이 들어서 섭섭했구나"라며 있는 그대로의 감정을 이해해 주면 된다.

상대의 감정에 초점을 두고 잘 듣는 것을 '적극적 청취'라고 한다. 의외로 우리는 평소에 잘 듣지 못하고, 또 들으려고 하지 않는다. 만약 누군가 "나 요즘 우울해"라고 말하면 뭐라고 대답할 것인가? 보통은 "우울할 때는 운동이 좋대!"라고 해결책을 제시하거나 "힘내, 파이팅!"이라며 나름의 응원을 보낼 것이다. 상대방의 말에 충고하거나 판단하는 행위는 좋은 청취의 자세라고 하기 어렵다. 자신의 가치관을 상대에게 투사하거나, 상대가 원하지 않은 주제로 돌려 대화를 주도해 버리는 행동에 가깝다. 그보다는 "네가 요즘 우울하구나"라며 상대의 감정을 듣는 행위가 훨씬 도움이 된다.

예전부터 우리나라 사람들은 감정을 드러내지 않는 걸 미덕으로 생각하고 감정을 경시하는 경향이 있어 서로의 감정에 귀 기울이는 데 익숙하지 않다. 하지만 의사소통이란 결국 서로의 감정을 드러내고 인정하면서, 왜 그런 감정이 들었는지를 이야기하는 과정이다. 위기 협상뿐 아니라 비즈니스 협상이나 일반 대화에서 실패하는 가장 큰 이유는 상대의 감정을 무시하기 때문이다. '괘씸죄'라는 표현도 있듯, 아무리 훌륭한 협상 전략이라도 왠지 모르게 기분이 나빠진다면 성공적이라고 할 수 없다.

공감과 동의는
다르다

위기 협상을 하면서 만난 수많은 인질범이나 자살 시도자들은 결국 '내 얘기를 좀 들어 줘', '내 감정에 공감해 줘'라고 말하고 있다. 물론 범죄자의 감정에 공감하는 게 불편하게 느껴질 수 있지만, 공감과 동의를 헷갈리면 안 된다. 공감한다고 해서 동의한다는 의미는 아니다.

만약 아이가 학교에서 친구와 싸워 선생님에게 혼이 났다면, 친구와 싸운 건 잘못된 행동이라는 훈육이 필요할 것이다. 하지만 잘못은 잘못이고, 혼났으니까 슬프고 우울한 감정이 드는 건 공감해 줄 수 있는 문제다. 많은 부모들이 우리 아이가 혹시 잘못된 방향으로 가거나 같은 잘못을 반복할까 봐 걱정돼서 감정에 대한 공감조차 쉽게 해 주지 않는다. 그런데 감정에 공감한다고 해서 잘못에 동의한다는 이야기는 아니기 때문에 '혼나서 우울한' 감정도 있는 그대로 공감해 줄 필요가 있다.

위기 협상이 필요한 현장에서도 상대가 범죄자라고 해서 '원래 이상하고 나쁜 놈'이라고 판단해 버리면 대화를 시작할 수 없다. 상대에 대한 가치 판단 없이 모두가 내 도움이 필요한 위기자라고 생각하고 대해야 한다. '오죽하면 이런 일을 벌였을까?', '얼마나 힘들면 이렇게까지 했을까?'를 전제하고, 그 행동에 동의하지 않지만 감정에 대해서는 '적극적 청취'를 하는 것이다.

우리나라에 위기 협상에 대한 개념과 교육이 없었을 때는 이 때문에 결과가 아쉬웠던 사건도 많았다. 일례로 1988년 '지강헌 사건'이 있다. 영등포 교도소에서 충남 공주 교도소로 이감되던 중에 탈주하고 인질극을 벌이며 "유전무죄 무전유죄"를 외치다가, 결국 주범 지강헌을 포함한 3명의 인질범이 사살당한 사건이다. 당시 지강헌의 목소리는 울분에 가득 차 있었다. 만약 그 현장에 위기 협상관이 있었다면 어땠을까?

"지강헌 씨, 많이 억울하다고 생각하고 계시지요? 제가 생각해도 지강헌 씨 입장이라면 그런 생각이 들 것 같습니다. 지강헌 씨! 같이 있는 사람들이 다치길 원하시지는 않죠? 네, 그럴 것 같아요. 현재 아무도 다친 사람이 없으니 지금 같이 있는 분들을 풀어 주시고 자수하시면 지강헌 씨가 선처받을 수 있도록 최대한 노력할게요. 생각하시는 것보다 죄가 중하지 않아요."

억울함으로 가득 찬 범인에게 "도망갈 생각하지 마!"라고 윽박지르지 않고 누군가 이렇게 말해 주었다면, 누구도 다치지 않고 사건이 마무리될 수 있지 않았을까. 마음을 이해한다고 해서 경찰이 범인의 죄에 동의한다는 뜻이 아니라, 감정을 그대로 인정하고 소통을 하는 것뿐이다.

흥분은 시간이 지나면 가라앉는다

누군가가 흥분해 화를 낼 때 동요하지 않고 의사소통을 잘해내는 간단한 방법이 있다. 바로 '시간이 지나면 해결된다'는 사실을 기억하는 것이다. 이것은 위기 협상에서도 아주 중요한 지점이다. 모든 사람은 아무리 화가 나더라도 시간이 지나면 누그러진다. 상대가 아무리 흥분하며 화를 내더라도 굳이 그 상태에 함께 뛰어들 필요 없이 '이 상태는 오래 못 간다, 시간이 지나면 된다'라고 생각하며 차분하게 기다리면 된다.

이종화 교수가 맡았던 사건 중 2017년의 '합정 엽총 인질 사건'은 최장 시간 동안 위기 협상을 했던 사건이다. 당시 인질범이 순찰차, 소방차 등의 차량을 탈취해 도망가다가 결국 터널에 막혀 경찰과 대치했고, 20시간 넘게 위기 협상을 진행한 뒤 결국 24시간 만에 자수하여 체포되었다.

보통은 빨리 사건을 해결하고 싶어서 무력 진압을 서두르려고 한다. 그러나 위기 협상을 할 때 시간이 얼마나 걸리느냐는 전혀 중요하지 않다. 경찰의 핵심 목표이자 가치는 빨리 잡는 것이 아니라 국민의 신체와 생명을 구하는 것이다. 당시에는 이종화 교수가 모든 권한을 넘겨 받고 진두지휘할 수 있었기 때문에 시간을 여유롭게 두고 위기 협상이 가능했다.

한참을 기다리기만 했더니 현장 책임자가 답답해했지만, 인질이 위협받고 있지 않은 상황에서는 시간이 걸리는 게 문제가 되지 않는다. 오히려 대화가 잘 이루어지면 인질범이 인질에 신경을 쓰지 않기 때문에, 시간을 끌면서 협상을 유도하는 것이 인질에게 더욱 안전하다.

실제로 빨리 제압하려고 할수록 결과가 비극적인 경우가 많다. 한번은 전주에서 한 40대 남성이 부인과 딸을 인질로 잡은 사건이 있었다. 그러다 부인과 딸이 다행히 도망쳐 나왔고,

경찰이 이제 됐다 싶어 진압하러 들어가자 궁지에 몰린 인질범이 아파트 창문을 열고 그대로 뛰어내렸다. 충분히 대화를 거쳤다면 자수할 수 있는 방법도 있었을 터라 안타까운 사건이다.

나의 역할은
상황에 따라 달라진다

미국에서는 위기 협상 교육을 받을 때 역할극 연습이 빠지지 않는다. 실제 상황처럼 범죄자 연기를 하는 배우와 실전처럼 협상하는 연습이다. 현장에 나가서 허둥대는 이유는 이론을 몰라서가 아니다. 이론적인 대응을 알더라도 사람은 막상 위기 상황이 닥치면 당황하기 때문에, 실전처럼 대응하는 훈련이 큰 도움이 된다.

위기 상황뿐 아니라 일상에서도 대화를 잘하려면 역할극처럼 자신의 역할을 유연하게 변경할 줄 알아야 한다. 보통 갓 경찰이 되어 현장에 나가면 욕을 비롯해 험한 말을 쏟아내는 상대를 보고 당황하는 경우가 많다. 경험한 적이 없는 일이라 어떻게 대처해야 할지 난감하기도 하고, 설마 경찰에게 욕을 퍼부을 줄은 미처 몰랐을 것이다. 그런데 아무리 경찰이라도, 혹은 대학 교수라고 해도 범죄 현장에서까지 그 지위와 역할로 대우해 주길 바랄 수는 없다. 감히 경찰에게 욕을 한다고 화가 나서 "당신 나 알아? 언제 봤다고 욕을 해?"라고 대응하면 대화는 시작조차 되지 않는다. 이때 기억해야 할 점은 상대방이 직접적으로 '나'라는 사람을 비난하는 건 아니라는 사실이다. 그저 내가 그 상황에서 범인을 대면하는 역할을 하고 있을 뿐이다. 현장에서 협상을 하는 사람은 자신의 지위와 전혀 상관없이 '말을 들어주는 사람'이자 '도움을 주는 사람'이 되어야 한다.

일상에서도 역할 변경을 하지 못해 소통에 어려움을 겪는 사람이 많다. 식당에 가면 대통령도, 회사 대표도, 동네 주민도 모두 손님의 역할이다. 그런데 밥을 먹는 자리나 일상생활에서까지 상사 역할을 하려고 하는 사람들이 있다. 회사에서의 역할을 식당에까지 가져오는 것이다. "내가 어느 회사 대표인데!"라며 무리한 요구를 하는 사람들은 자신의 역할에 고착되어 버린 일명 '꼰대'일 뿐이다. 회식에서도 마찬가지다. 일적인 소통은 회사 안에서 하면 되는데, 꼭 술자리에서 상사 역할을 하며 일 얘기를 해야 할까? 술을 마신다고 갑자기 회의실에서 안 되던 소통이 잘되는 건 아니다.

사람은 누구나 다양한 역할을 가지고 살아간다. 가정의 일원이고 회사의 직원이자 누군가의 친구, 연인, 배우자이기도 하다. 우리가 어떤 장소를 방문할 때 시간과 장소에 맞춰서 적절한 옷을 입는 것처럼 사람을 만날 때도 그 상황과 상대에 맞는 새로운 역할로 갈아입어야 할 때가 있다. 역할 변경이 유연하게 잘되는 사람들은 일상생활에서도 타인과 갈등을 줄이고 상대의 역할을 이해하며 원활한 소통을 할 수 있다.

위기의 순간에
나누는 대화

일상 대화와
위기 협상의 차이점

　일상 속에서의 협상은 대개 양 당사자가 정상적이고 합리적인 선택을 할 수 있는 상황에서 이루어진다. 하지만 경찰들이 마주하는 '위기 협상'이란, 상대방이 감정이나 정신 질환 등의 문제로 합리적 선택을 할 수 없는 상황에서 이루어지는 것을 말한다. 심각한 경우 이들이 테러, 인질극, 납치, 자살 시도 등의 위험한 상황을 일으킬 수 있기 때문에 위기 상황을 해결하기 위해 '위기 협상 전문가'가 경찰과 함께 현장에 투입된다. 위기 상황에서 사람의 목숨을 구하기 위해 소통과 감정 교류를 바탕으로 협상하여 상황을 해결하는 것이다.

이종화 교수는 2006년에 FBI, 2009년에 NYPD(New York Police Department)에서 위기 협상 교육을 받았다. NYPD는 세계 최초로 인질 협상 기법을 경찰에 도입한 곳이다. 원래 미국에서는 경찰이 인질범을 무력으로 진압하는 경우가 많았는데, 오히려 사건의 희생자 절반 이상이 경찰의 무력 진압 과정에서 발생한다는 조사 결과가 나왔다. 인질범은 인질의 몸값을 요구하는 입장이기 때문에 해를 끼치는 행동을 잘 하지 않는데, 진압 과정에서 인질범이 흥분하면서 인질이 다치는 일이 많았던 것이다. 이를 해결하기 위해 협상 기법이 도입되었다. NYPD에서 공부한 대화를 통해 문제를 해결하는 위기 협상 기법에 큰 감명을 받은 이종화 교수는 이를 국내 현장에도 도입해야겠다는 결심을 했다. 그 후 경찰대학에 처음으로 위기 협상 강의를 열었고, 2014년에는 정부에 직접 제안하여 지금은 각 지방청에 위기 협상팀이 조직되었다.

위기 협상이 필요한 순간의 대부분은 상대방이 정상적인 상태가 아니라 굉장히 감정적으로 고조되었거나 혹은 너무 하락해서 합리적인 판단을 하지 못하는 상황이다. 하지만 이런 경우에도 감정에 집중하여 대화로 해결하는 것이 중요하다.

2015년, 이태원에서 아들의 폭력 행사에 화가 난 아버지가 집의 문을 걸어 잠그고 난동을 피운 사건이 있었다. 온 집 안에 휘발유를 뿌리고는 라이터를 들고 죽겠다고 소리를 지르는 상황이었다. 그때 먼저 출동한 경찰이 아버지를 진정시키고 있었는데, 잠긴 문을 사이에 두고 2시간을 대치하는 동안 전혀 진전이 없었다. 그런데 현장에 가서 상황을 살펴보니, 위기 협상에 대해 잘 모르던 경찰이 위기 협상시에 절대 해선 안되는 세 가지 금기어를 반복하고 있었다.

"진정하세요."
"이해합니다."
"나오세요."

진정이 안 되는 사람에게 진정하라고 해봤자 화만 돋우는 꼴이고, 상황을 무마하려고 건네는 '이해한다'는 말에는 당연히 영혼이 없다. '나오라'는 것도 결국 감정이 아니라 경찰 입장의 문제 해결에 집중한 말이다. 그때 이종화 교수가 도착해서 말을 건네자 단 5분 만에 문이 열렸고 라이터를 받아 내며 안전 조치를 할 수 있었다.

"선생님, 화가 많이 나시죠? 아들이 그러면 안 되는데. 저라도 그런 상황이면 화가 많이 났을 거예요."

그 말을 들은 아버지는 말이 통한다고 느꼈는지 문을 열어 주었고, 다행히 큰 사고 없이 상황이 정리되었다. 아들도 불러서 화해까지 시켰다. 꽁꽁 얼어붙은 마음을 녹이는 건 다른 게 아니라 느끼는 감정을 있는 그대로 인정하고 받아들여 주는 게 전부다. 위기 협상가의 역할은 단지 그들의 내면에 엉킨 감정을 밖으로 분출시키고 자발적으로 범죄 행위를 그만두게 하는 일이다.

장시간 위기 협상의
방법

　대부분 위기 협상 대화는 '휴대폰'으로 이루어진다. 늘 가지고 다니는 협상 키트에 휴대폰을 넣어 인질범에게 전달하는데, 장시간 협상이 진행되면 배터리가 나갈 수 있기에 보조배터리도 같이 들고 다닌다. 인질범이 흉기를 들고 있기 때문에 특공대가 앞에서 방패로 막고 있으면 그 뒤에 붙어서 다가가 필요한 물품을 건네준다.

　20시간이 넘는 긴 협상이 이루어질 때는 음식도 협상 도구가 된다. 인질범도 사람이라 배가 고프면 더 예민해질 수 있기 때문에, 밥과 물을 제공하여 편의를 봐주면서 감정을 누그러뜨리고 신뢰도 얻어 낸다. 특히 음식 메뉴는 협상 가능한 요구이기 때문에 상황에 따라 판단하되, 인질범이 요구한 정확한 양만 제공한다. 추가로 더 달라고 하면 대가를 요구할 기회로 삼는 것이다. 또 인질범에게 주는 음식은 짜게 조리하고, 물이나 음료수는 가급적 아주 차갑게 해서 준다. 우리 몸은 짜게 먹으면 시원한 물을 벌컥벌컥 들이마시게 되고, 화장실에 자주 가고 싶어진다. 사람의 생리적 욕구는 본능이기 때문에 그때만큼은 모든 신경이 생리 현상에 쏠릴 수밖에 없다. 즉 생리적 욕구를 유도하여 협상 상황을 유리하게 만드는 것이다. 이때 인질범에게 안전하지 않은 음식을 제공하는 것은 좋은 방법이 아니다. 인질범이 인질에게 먼저 음식을 먹게 할 수도 있고, 혹 음식에 약물이 섞였다는 사실을 알게 되면 배신감에 휩싸이며 더 폭력적인 돌발 행동을 할 수도 있다.

장시간의 위기 협상이 이루어지면 서로 지칠 수밖에 없다. 인질범은 음식 외에도 본능과 관련된 배고픔이나 생리 현상에 대한 요구를 많이 한다. '합천 엽총 인질 사건'에서는 대치 시간이 길어지니까 인질범이 담배를 달라고 요구했다. 이때 경찰은 대신 인질과의 면담이라든지, 협상관의 말을 잘 들어 달라는 등 대가를 요구하여 담배를 제공하지만 꼭 낱개로 준다. 담배 한 개비마다 모두 협상의 카드가 되기 때문이다. 술의 경우 과거엔 협상이 불가능한 요구였으나, 금주로 인한 스트레스가 불안이나 초조를 야기할 수 있고 소량의 알콜은 오히려 진정 효과를 준다고 하여 최근에는 조금씩 제공하는 경우도 있다.

간혹 술과 담배 같은 요구 외에 당장 100억을 달라든가, 헬기를 불러 달라는 요구를 하는 경우도 있다. 위기 협상에서는 오히려 인질범이 무리한 요구를 할수록 좋다. 1억보다

100억을 준비하는 게 더 어려울 수밖에 없으니, 시간을 지연시키기 위한 좋은 핑계가 되기 때문이다. 최악의 상황으로 흘러가 돈을 실제로 제공하게 되더라도 괜찮다. 위기 상황이 종료되면 회수할 수 있기 때문에 돈을 요구하는 게 가장 까다로운 축에 속하지 않는다.

그보다 헬기나 차량처럼 교통수단을 요구하는 경우가 더 까다로운데, 이동 수단이 생기면 포위와 통제가 어렵고 대화 가능성이 낮아지기 때문이다. 그래서 이런 경우 과정을 상당히 세분화하여 현장 지휘관의 허가, 차량 제공을 위한 부서장의 허가, 상급 기관장의 허가, 요구 차량 확인 운전 경찰관의 선정, 허가된 차량까지 운전 경찰관의 이동, 현장까지의 차량 이동, 차량 기술자의 기술 점검, 특공대의 위험 점검 등으로 최대한 시간을 끈다. 구출 작전을 충분히 준비할 수 있는 시간을 버는 것이다.

인질범의 요구를
들어 주는 이유

인질범의 요구에는 일단 순응하는 반응을 보여야 한다. 적어도 요구를 들어 주려고 노력한다는 인상을 줘야 협상이 유연하게 진행되기 때문이다. 물론 무기나 폭발물, 마약처럼 절대 받아들일 수 없는 요구도 있다. 그러나 이때도 단칼에 거절하는 것은 아니고, 요구가 무시되었다고 느끼지 않도록 수용할 수 없는 이유를 부드럽게 설명하여 다른 협상 가능성을 열어야 한다.

요구 사항을 들어 줄 때는 반드시 그 대가를 요구한다. '세상에 공짜는 없다'는 인식을 주는 것이다. 그래서 아주 쉽게 들어 줄 수 있는 요구라고 해도 그에 상응하는 대가를 요청하여, 요구가 쉽게 실현될 수 없다는 사실을 전달한다. 그러면 협상에서 주도권을 가진 쪽이 자신이 아니고, 현장을 탈출할 수 없다는 사실도 자연스레 깨닫게 된다.

다만 협상할 때 절대 들어 줘선 안 되는 요구는 부모님이나 애인, 친구 등 제3중재인을 부르는 일이다. 지금은 그런 일이 거의 없지만 예전에는 탈영병 사건이 생기면 어머니를 불러 현장에 투입시키는 경우가 많았다. 아무리 탈영병 혹은 흉악범이라도 자신의 초라한 모습을 가족에게 보이고 싶은 사람이 있을까? 그래서 제3자가 현장에 들어오면 협상에 성공하기보다 오히려 인질범의 감정을 고조시켜서 실패할 확률이 더 높아진다. 어찌 보면 제3중재인을 부르는 것도 인질범의 감정에 집중하지 않고 '인질범을 밖으로 나오게 하는 문제 해결'에 집중한 수단이라고 봐야 한다.

영화에서처럼 경찰이 인질로 대신 들어가는 상황도 절대 있을 수 없다. 인질 교체는 이미 인질범과 인질 사이에 형성된

4강—사람을 살리는 협상의 대화

관계성을 없애고 새 인질에 대한 경계도 높이기 때문에 오히려 협상을 방해한다. 인질이 된 경찰관 쪽에서도 상황을 빨리 해결하기 위해 스스로 범인을 제압하려다가 다치기 쉽다.

결국 사람을 살리는 것은
따뜻한 말 한마디

자살 시도자와
나눠야 하는 대화법

요즘 우리 주변에서 일어나는 위기 협상 상황 중에서도 유독 늘어난 사건이 인질범이 자기 스스로를 인질로 삼는 '자살'이다. 2021년 자살 사망자 수는 같은 해 코로나19로 인한 사망자 수의 두 배가 넘는다. 하루에 30명 넘게 자살로 사망했다고 말할 수 있는 수치다. 자살 시도 사건까지 생각하면 이보다 훨씬 더 많을 것이다. 그래서 이종화 교수는 보건복지부 인증을 받은 '자살 시도 중재 협상'이라는 교육 프로그램을 만들고 진행 중이다. 자살 시도자가 있는 현장에서 실제로 어떻게 해야 하는지 실무적인 해결책을 가르치는 교육이다. 주로 경찰관, 소방관, 자살예방센터 직원을 대상으로 진행하지만, 일반인들도 이런 상황을 마주칠 수 있기 때문에 지혜로운 대화법을 익혀 두면 좋다.

만약 어디선가 뛰어내리려고 하는 등 자살 시도 상황을 목격했다면 제일 먼저 해야 하는 일은 경찰에 신고하는 것이다. 그리고 무조건 대화를 시도하여 시간을 끌어야 한다. 이때 절대로 몸을 잡아서 끌어내리려고 하거나 내려오라고 말하면 안 된다. 적당한 거리를 유지한 상태에서 먼저 감정에 초점을 맞추고 감정을 들어 줘야 한다.

"지금 많이 슬프고 괴로워 보이세요. 무슨 일이 있으셨나요?"

이때 상대방이 "돈 문제 때문에 이러고 있는데 네가 돈 줄 거야? 가!"라며 내가 해결해 줄 수 없는 사연을 이야기하면 당황할 수 있지만, 침착하고 여전히 감정에 초점을 맞추어 다음 이야기를 끌어내야 한다.

"돈 때문에 힘드셨군요. 돈이 왜 그렇게 많이 필요하셨던 거예요?"

물론 상대와 대화가 잘 되지 않을 수도 있다. 특히 자살을 시도할 만큼 우울하고 힘든 사람은 대답을 하기도 싫어하고, 대답을 하기까지도 오랜 시간이 걸린다. 이럴 때 보통 많이 하는 실수가 대답을 기다리지 않고 다른 주제의 질문을 던지는 것이다. 침묵이 길어지면 어떤 행동을 할지 몰라 불안한 마음에 계속 말을 거는 것이다. 하지만 적어도 10초는 기다려 준 다음, "혹시 지금 자살을 생각하신 건가요?"라고 물어보는 것이 좋다.

직접적으로 '자살'이라는 단어를 꺼내는 것은 '자살 방지 교육'의 원칙이기도 하다. 우리는 대부분 자살을 수면으로 꺼 내서는 안 된다고 생각하고 감추려 하지만, 자살 이야기는 가 족끼리 식사 자리에서도 할 수 있어야 한다. 그동안 자살 생각 을 해 본 적이 있는지 터놓고 물어보고, 힘들었던 이야기가 있 다면 서로 듣고 공감하는 시간이 필요하다. 숨기려고만 하면 자녀들이 커서 어떤 문제에 봉착해도 가족들과 이야기한 경험 이 없기 때문에 혼자 끙끙 앓다가 잠재적 자살 위기자가 될 수 있다. 감정은 모른 척 숨긴다고 해서 없어지지 않는다. 오히려 드러내고 공유해야 도울 수 있는 네트워크가 형성된다.

특히 자살 시도자에게 자살을 생각하는지 직접적으로 묻 는 것은 생각보다 중요하다. 자살 시도자들은 보통 자살을 죽 음이라고 생각하지 않고, 지금 내 괴로움을 끝낼 수 있는 '문 제 해결'로 여기는 경우가 많다. 그저 당장 봉착한 괴로움을 해결하고 싶은 상태이기 때문에, 자살이 곧 죽음이라는 것을 상기시키는 것이 도움이 될 수 있다.

만약 주변에서 자살을 생각하고 있거나 이에 대해 상담해 올 때는 너무 심각하게 들어 주지 않아도 된다. 그 문제를 대 신 해결하거나 책임지려고 할 게 아니라, 일단 이야기를 잘 들어 준 뒤 전문가에게 인계해야 한다. 친구의 가족이나 심리 상담가 등 주변에 알려서 그 사람이 도움을 받을 수 있도록 하는 게 듣는 사람의 역할이다. 물론 당사자가 이를 꺼릴 수 있고 말 없이 주변에 알리면 배신감을 느낄 수 있기 때문에, 대화할 때 당사자에게도 꼭 주변에 알리겠다는 이야기를 해야 한다.

"나는 네가 너무 소중해서 너를 잃고 싶지 않아. 그래서 너를 구하기 위해 너의 자살 생각에 대해서 네 부모님과 담임 선생님, 전문가 선생님에게 이야기할 거야."

자살 시도 위험이 있는 사람과의 대화는 비밀을 지켜 줘야 하는 단순한 대화가 아니다. 삶과 죽음의 문제다. 반드시 주변에 공유하여 도움의 네트워크를 형성하는 것이 중요하다.

가장 간단하지만
가장 큰 힘이 되는 말

주변 사람들이 힘들어 보일 때 '내가 무슨 도움이 될까?' 싶어 선뜻 도움의 손길을 내밀기 어려울 때도 있다. 그런데 사실 한강 다리나 아파트 옥상 등 사람들이 지나다니는 곳에서 자살을 시도하는 행동은 구조 신호를 기다리는 것이다. 이때 아무도 다가와 주지 않으면 더 괴로워져 정말 최악의 상황으로 치닫게 된다. 물론 당사자는 지금 느끼는 고통의 감정이 너무 커서 사실 살고 싶다는 내면 깊숙한 마음을 느끼지 못할 수 있다. 그러니 이런 양가적인 마음을 헤아리고 먼저 다가가서 말을 거는 주변 사람들의 도움이 더더욱 절실하다.

주변을 돌아보면 크고 작은 위기에 처한 사람들이 있다. 우리가 그들의 삶을 뒤바꾸고 구원할 수는 없지만, "많이 힘들었지?" 한마디를 건네는 것은 결코 어렵지 않은 일이다. 위기 협상 현장에서는 말 한마디로 자살 시도자의 생명을 구하고, 인질범이 인질을 풀어 주게 만들고, 흉악범이 자수하게 하기도 한다. 주변 사람의 관심과 말 한마디가 어둠에 잠긴 누군가의 세계에 작은 촛불 하나를 켜 준다면, 그 온기로 누군가는 오늘을 살아갈 것이다. 그러니까 우리는 사실 누군가의 말 한마디에 기대어 세상을 살아가는 것인지도 모른다.

4강―사람을 살리는 협상의 대화

함께 만들어 가는 세상, 사회 수업

2부

시대별 범죄의 유형은 우리 사회의 그늘을 반영한다.
다만 우리가 기억할 것은 어느 시대에든 악이 있었지만,
늘 선한 사람들이 악을 몰아낸다는 사실이다. 두려움을
몰아내고 따뜻한 시선과 관심으로 주변을 바라본다면
어제보다 조금씩 밝은 사회로 나아갈 수 있으리라
믿는다.

사회를 비추는 거울,
범죄의 모든 것

표창원

프로파일러

표창원

표창원범죄과학연구소 소장 |
한림대 융합과학수사학과 특임교수

경찰관, 형사로 근무하다가 영국 유학을 떠나 경찰학
박사 학위를 취득하고 미국 프로파일링협회 ABP
연수를 거쳐 정회원이 되었다. 이후 경찰대학 교수가
되어 프로파일링과 범죄심리, 범죄수사 및 범죄학
연구 및 교육을 하면서 경찰과 법원 및 로펌과
언론 방송 등의 요청을 받아 사건분석 및 자문을
해 주는 프로파일러 활동을 하고 있다. 제20대
국회의원을 지냈으며 표창원범죄과학연구소를 설립,
프로파일링아카데미를 운영하고 있고 최근에는
《카스트라토》라는 작품을 발표하면서 추리 소설가로
데뷔했다.

1990년대부터 2010년대까지
범죄의 연대기

시대를 대변하는 범죄

시대가 변하면 범죄의 형태도 변한다. 과거에는 현금을 갈취하기 위한 강도나 절도 등의 범죄가 많았으나, 최근에는 현금을 잘 사용하지 않는 시대적 흐름에 따라 강도, 절도가 급격하게 줄었다. 반면 성범죄 관련 법제가 개선되고 신고율도 증가함에 따라 과거에는 드러나지 않고 암수범죄로 남아 있던 성범죄들이 적발되면서 성범죄 발생률은 그만큼 증가하는 추세다. 즉 범죄는 우리 사회와 시대의 그늘을 비추는 거울이라고도 볼 수 있다.

2000년대 등장한 사이코패스 연쇄살인마 유영철, 정남규, 강호순, 일면식도 없는 사람을 무참하게 살해하는 '무차별

살인', 최근 한국을 충격에 빠뜨린 N번방 사건의 주범 조주빈 등의 사례도 갑자기 나타난 것이 아니라 우리 사회 이면의 문제점이 뒤틀린 채로 반영된 결과물이기도 하다. 기술 발전과 가치관의 변화, 시대적 흐름에 따라 앞으로도 범죄의 형태는 계속해서 변화할 수 있다. 시대에 따라 다양한 유형의 범죄자가 탄생하게 된 배경은 무엇이고, 우리를 위협하는 범죄에서 벗어나려면 어떻게 해야 할까? 그 답은 의외로 가까이 있다.

경제적 불균형이 바꾼
1990년대 범죄의 흐름

한국 사회를 들여다보면 1980년대에 발생한 범죄까지만 해도 대부분 뚜렷한 동기가 있었다. 주로 생계 또는 유흥비 마련 등을 위한 절도, 치정이나 원한에서 비롯된 범행이 이루어 졌기에 범인을 검거하는 과정도 그리 복잡하지 않았다. 하지만 1990년대에 들어서면서 한국 사회의 범죄 양상은 완전히 달라지기 시작한다.

1994년 9월, 추석을 하루 앞두고 충격적인 사건 소식이 전해졌다. '인간 살인 공장'이라고 불리는 연쇄 납치 살인 조직, 일명 '지존파'의 범죄 행각이 드러난 것이다. 20대의 젊은 남성 6명으로 이루어진 지존파 일당은 1993년 7월부터

1994년까지 9월까지 살인 공장을 차려 무고한 시민 5명을 납치, 감금, 살인했다. 게다가 시체를 소각로에 태우거나 토막내서 인육을 먹는 등 기존에 상상하기 어려웠던 엽기적인 행각을 벌였다. 피해자들은 대부분 평범한 시민이었으나, 이들은 범죄를 저지른 이유에 대해 '돈 많은 부자들을 증오한다'는 명분을 내세웠다.

지존파 범죄가 발생한 시점은 1990년대 한국 사회에서 경제적 불균형이 나타나던 시기와 맞물린다. 당시는 IMF 직전으로 경제적 혼란과 어려움이 만연한 상황이었다. 특히 양극화로 격차가 벌어지며 부유층을 향한 분노가 커진 사람들이 있었다. 실제로 지존파의 6명은 모두 어려운 집안 출신으로, 학교를 중퇴하고 어려서부터 노동으로 생계를 유지해 온 이들이었다. 자신의 처지를 비관하고 사회에 대한 막연한 분노가 쌓이면서 끔찍한 범행에 이르게 된 것으로 보인다.

지존파의 등장은 시대적 맥락과 함께 이전의 범죄 양상이 바뀌는 시점이라는 중요한 의미를 갖는다. 이전까지는 분명한 목적에 의해 범죄가 발생했다면, 1990년대 무렵부터는 자신의 억눌린 분노나 감정을 불특정 다수에게 표출하는 유형의 범죄가 나타나기 시작한 것이다.

2000년대 두 연쇄 살인범의 등장과 사이코패스의 증가

살인 사건이 일어나는 이유는 보통 세 가지로 나뉜다. 첫 번째로 제일 많은 이유는 원한이나 치정, 두 번째는 금전 문제, 그것도 아니면 약에 취해서 범죄를 저지르는 등의 정신적 문제가 원인인 경우가 대부분이다. 그런데 2003년, 연이어 발생한 몇 건의 살인 사건은 기존의 이유에 전혀 부합하지 않았다. 범행 수법은 너무나 잔인한데, 원한 관계를 찾을 수도 없고, 현장의 현금을 가져가지도 않는 등 살인 그 자체를 위한 살인처럼 보인다는 점이 수사를 한층 혼란스럽게 했다.

게다가 각 살인 사건의 패턴도 각기 달랐다. 어떤 사건은 집안에서 일어나고 또 다른 사건은 거리에서 일어났으며, 한쪽은 둔기를 쓰고 한쪽은 날카로운 흉기를 썼다. 아무리 생각해도 사이코패스에 의한 연쇄 살인이라고밖에 볼 수 없는데, 각 사건을 분석한 결과 연쇄 살인마가 '한 사람이 아닌 두 사람'이라는 결론에 도달했다. 비슷한 시기에 2명의 연쇄 살인범이 나타났다는 사실을 믿을 수 없었으나 수사 결과 실제로 두 연쇄 살인범이 검거되었다. 바로 여성과 부유층 약 20여 명을 살해한 유영철과 길거리에서 13명을 살해한 정남규다.

이들과 같은 사이코패스는 일반인들과 사고방식 자체가 완전히 다르다. 실제로 만나 보면 그들은 범죄 행위 자체를 자신의 존재를 증명하는 방식이라고 여기며, 피해자나 유족에게 죄책감을 갖는 경우는 드물다. 특히 상대방을 조종하거나 통제하려는 것도 사이코패스의 특징 중 하나다.

심지어 프로파일러 표창원이 국회의원으로 있던 시절에 유영철이 협상 요구를 한 적이 있다. 유영철은 사람 자체가 워낙 교묘하고 항상 상대보다 우위를 점하려고 하는 경향이 있었다. 당시 자기를 매일 찾아오는 종교인을 통해 메시지를 전달해 왔는데, 추가 피해자들의 위치를 알려 줄 테니 자신을 경북 교도소에서 서울에 있는 교도소로 이감시켜 달라는 요구였다. 그런데 역으로 '먼저 위치를 얘기해라, 확인되면 노력은 해보겠다'고 답했더니 그 후로 연락두절이 됐다. 애초에 유리한 위치를 점하기 위한 거짓말이었던 것이다.

유영철과 정남규의 사례는 사회에 적응하지 못하고 피해의식과 열등감에 찌들어 있었다는 점에서 1990년대 지존파와도 비슷한 맥락이다. 2000년대 초반의 유영철과 정남규 이후 사이코패스 연쇄 살인범의 범죄 수법은 진화하는 양상을 보인다. 그 대표적인 사례가 바로 강호순이다. 강호순은 2005년부터 2008년 12월까지 경기도에서 여성 10명을 납치하여 살인했고 여죄가 있을 것으로 추정된다. 독특한 것은 살인에 대한 특별한 계기나 이유 없이 '그저 죽이고 싶어서 죽였다'는 것이다. 즉 한국 사회에 매우 드문 쾌락형 연쇄 살인범이었다.

2000년대에 사이코패스 연쇄 살인마가 유독 늘어났던 이유를 두고 사회적인 변화와 관련한 몇 가지 분석이 있다. 한국 사람들은 전통적으로 가정 교육을 통해 사회화 과정을 거쳐 왔는데, 당시 한국의 경제가 갑작스레 성장하면서 가정의 역할이 축소되고 물질적 가치를 따지는 자기중심적 분위기가 생성되었다. 또 양극화가 심각해지고 사회 불안 요소가 늘어나면서 반사회적 인격 장애를 앓는 사람들이 급등했다. 가정과 사회 모두 사람들에게 올바른 도덕적 가치관을 세워 주는 역할을 제대로 하지 못하는 상태에서 자신이 속한 공동체에 만족하지 못하는 계층도 많아졌다. 이들이 사회를 향한 적개심과 분노를 키워갔는데, 그것이 성격 장애와 겹쳐 방화나 살인 같은 행동으로 나타났다는 분석이다.

2010년대는
'무차별 범죄'의 시대

2000년대 이후로는 연쇄 살인으로 불리는 범죄가 좀처럼 등장하지 않게 되었다. 정확히 말하면 연쇄 살인범들이 사라진 게 아니라, 연쇄 살인으로 이어지기 전에 검거되고 있다고 볼 수 있다. 국민들의 범죄 인식 수준이 높아지면서 의심스러운 상황에 대한 신고가 적극적으로 이뤄지고, SNS나 CCTV, 블랙박스가 늘어난 것도 빠른 검거가 가능해진 데 한몫했다.

그러나 2010년대에 들어서면서 범죄의 양상은 또 다시 변화했다. 이번에는 아무런 예고 없이 갑작스럽게 자기 감정을 표출해 누군가를 공격하는 무차별 범죄의 등장이다.

2012년에는 한 남자가 골목에서 서성이다가 여대생이 지나가자 느닷없이 칼로 찌르는 사건이 벌어졌다. 면식범의 소행일 것이라고 생각했으나 범인과 피해자는 전혀 모르는 사이였다. 이후 범인에게 범행의 이유를 묻자 이렇게 대답한다. "기분이 좋아질 것 같아서요."

무차별 범죄의 내면에 깔린 심리는 사회로부터 배제된 박탈감을 엉뚱한 피해자에게 표출하는 것이다. 개인적으로 힘든 일이 있거나 주변으로부터 소외되어 무력한 마음을 타인에 대한 무차별적인 공격으로 발산한다. 그래서 이 유형의 범죄자들은 주변인과 유대 관계를 갖지 못하고 사회와 단절되어 있다가 엉뚱한 사람에게 분노를 표출하는 경우가 많다.

어찌 보면 개인주의의 확산과 사회적 불평등으로 인한 좌절감 등 우리 사회에 오랫동안 쌓인 병리 현상이 극단적으로 터진 측면도 있다. 시대별로 드러나는 범죄 양상은 어떤 개인의 문제로만 한정지어 바라보기 어렵다. SNS로 인한 소통과 연결이 그 이면의 고립으로 이어지거나 기술 발전이 이를 악용한 범죄를 새롭게 등장시키기도 한다. 유사한 범죄 발생을 예방하기 위해 개인의 심리 상태와 정신 문제의 해결뿐 아니라 사회 전반의 안전망을 점검할 필요도 있을 것이다.

피해자가 가해자가 되는 폭력의 굴레, 아동 학대

평범한 삶을 꿈꾸고
평범한 삶을 파괴한 청년

2010년 8월, 서울 양천구에서 충격적인 사건이 벌어졌다. 토요일 오후 5시 반, 해도 채 떨어지지 않은 시간에 한 남자가 초등학생 아들딸을 비롯한 네 식구가 사는 다세대 옥탑방에 침입해 부부를 향해 흉기를 휘두른 것이다. 범인은 아이들을 보호하려 앞을 막아선 엄마에게 망치를 휘둘러 두개골 파열 등 심한 손상을 입혔고, 그 비명을 듣고 아빠가 화장실에서 뛰쳐나오자 배낭에서 칼을 꺼내 여러 차례 찔러 살해했다. 그 후 범인은 두 아이를 현장에 그대로 두고 유유히 떠난다.

이 사건은 수사에 상당한 난항을 겪었다. CCTV로 범인의 인상착의를 확인했지만 면식범도 아니었고, 원한에 의한 살인도 아니며, 금품을 훔쳐 가지도 않았던 것이다. 알고 보니 범인은 같은 동네에 사는 주민으로 밝혀졌다. 평소처럼 길을 걸어다니다가, CCTV로 얼굴을 알고 있던 형사가 붙잡자 바로 범죄를 시인한 것이다. 그리고 범죄 동기를 묻자 이렇게 답했다. "나는 이렇게 비참하게 살아가는데 다른 사람들이 행복하게 사는 모습이 너무 비교돼서 순간적으로 범행을 저질렀다", "단란한 가정의 행복한 웃음소리에 화가 나서 깽판 한번 치러 갔다".

'깽판 한번 치러 갔다'는 표현이 어째 석연치 않아 이야기를 더 들어 보니 뒷이야기가 있었다. 범인의 아버지는 술만 마시면 폭력을 휘두르는 전형적인 가정 폭력범이었다고 한다. 어린 시절, 아버지가 술을 마시고 들어오면 처음에는 어머니를 때리다가 성에 차지 않으면 형, 누나, 그리고 자신에게까지 줄폭력이 이어졌다. 바로 그때, 아버지가 폭력을 휘두르기 전 입버릇처럼 하던 말이 바로 "깽판 한번 칠까?"라고 했다.

이후 범인의 아버지는 그가 14살 때 간 관련 질환으로 사망했지만, 범인의 말에 따르면 동네 사람들이 자기 집안을 우습게 생각해 동네에서 뭐가 없어지면 자기를 잡아다가 매질했다고 한다. 억울했던 범인은 무작정 상경하여 여기저기 전전하며 살았는데, 정신을 차려 보니 자신도 언제부턴가 술만 마시면 '깽판'을 부리고 있었다는 것이다. 거기서 그치지 않고 유흥업소에서 알게 된 형들과 집단 강도, 강간 사건을 저지르고 14년간 교도소에서 복역까지 한다. 그런데 출소하고 보니 14년간 세상이 너무 변해 있었다. 옛날엔 없던 스마트폰이란 것도 생겼는데 자신은 쓸 줄도 몰랐다. 그렇게 출소 후 막노동을 전전하던 범인은 다들 자신이 전과자라는 걸 알고 있는 것 같다는 피해망상에 빠진다. 일도 제대로 안 했을 테고, 그러다 보니 인력 사무소에서도 잘 불러 주지 않았다. 돈을 못 버니 우울하고 화가 난 채로 일할 때 쓰는 연장 가방을 들고 돌아다니던 범인은 문득 '깽판 한번 쳐?'라는 생각이 들었다고 한다. 그렇게 발길 닿는 대로 걷다가 도달한 곳에서 웃음소리를 듣고 그런 잔학무도한 범죄를 저지른 것이다.

보통 이런 유형의 범인들은 자신의 기분만 생각하며 범죄를 저질렀다가, 피해자들이 아무런 잘못도 없는 평범한 사람들이었다는 걸 인지하면 그제야 죄를 깨닫는 경우가 많다. 범인에게 '만약 범행 이전으로 돌아간다면 어떤 삶을 살고 싶느냐'고 물었더니 그는 평범한 삶을 살고 싶다고 대답했다. 길거리에서 흔히 마주치는 사람들, 부모의 손을 잡고 걷는 아이나 식당에서 도란도란 밥을 먹는 가족들의 모습처럼 말이다. 그 순간 '당신이 죽이고 다치게 만든 사람들이 바로 그 평범한 사람들이다'라고 말하니 그제야 범인은 자신이 저지른 일을 깨달은 듯 충격을 받았다. 그전까지는 자기의 억울함, 분노, 어릴 때 당한 일들만 생각하며 가장 범행을 저지르기 쉬운 상대를 골라 범행을 저질렀는데, 사실 그 피해자들이야말로 그저 자신과 아무 상관없는 평범한 사람들이 아닌가. 그 평범함을 파괴한 것이 결국 범인 자신이고, 그는 이제 또 다른 피해자를 만든 가해자일 뿐이다.

가해자가 되는 피해자와 평범하게 살아가는 피해자

아무리 불행한 과거사가 있다고 해도 그가 저지른 범죄가 용납되는 것은 절대 아니다. 또 모든 가정 폭력이나 아동 학대의 피해자들이 꼭 가해자가 되는 것도 아니다. 그 차이는 어디에서 오는 걸까?

옥탑방 살인 사건 범인과 면담하면서 그런 질문을 했다. '세상이 너에게 악마라고 하는데, 이 사실을 슬퍼해 줄 사람이 있느냐'라고 말이다. 그러자 범인은 한참 생각하더니 '없다'고 답했다. 사람이 넘지 않아야 할 선을 가질 때는 나의 선을 지켜 주는 단 한 사람이 존재할 때다. '나는 네가 좋은 아이란 걸 알아'라고 말해 주는 누군가가 있다면, 경찰이나 법원이 아니라 그 한 사람이 실망할 걸 두려워하게 된다.

'애정 없는 처벌이 만든 기회의 박탈'이라는 것도 있다. 표창원 프로파일러는 1990년대 후반, 전국을 뒤흔든 희대의 탈옥수 신창원을 조사하면서 그가 자신과 이름도 같고, 어린 시절 굉장한 말썽꾸러기라 사고를 많이 친 것도 상당히 비슷한 것에 충격을 받았다. 그런데 둘 사이에 결정적으로 달랐던 한 가지는 바로 주변의 애정 어린 충고와 사랑이었다. 아이가 잘못을 저질렀을 때 따끔하게 혼내는 부모의 마음 이면에는 분명 앞으로 이 아이가 잘되기를 바라는 애정어린 마음이 담겨 있다. 그러나 신창원의 부모는 그렇지 않았다.

어느 날 신창원이 수박 서리를 하다가 걸린 적이 있었는데, 아버지가 그대로 파출소에 끌고 가더니 소년원에 보내 버렸다고 한다. 그 뒤로 신창원의 인생은 완전히 바뀌었다. 소년원에서 만났던 이들과 어울려 놀면서 물건을 훔치고, 내 살길은 이것뿐이라고 생각하며 스스로에게 낙인을 찍는다. 특히 신창원은 어릴 적 학교에 학비를 가져가지 못해 선생님이 '넌 쓸모없는 놈이다', '학교에 올 필요 없다'라고 말했던 것을 선명히 기억하고 있었다. '그때 자신의 마음속에 악마가 자랐다. 선생님이 한 번이라도 내 머리를 쓰다듬으며 따뜻한 말을 해 줬더라면 내가 이렇게 되지 않았을 것이다'라고 일기에 쓰기도 했다. 물론 남에게 책임을 전가하려는 행동에 불과하지만, 한편으로는 주변에 사랑을 베풀어 주는 사람이 없는 아이들의 첫 범죄가 과연 스스로 선택한 길일지도 생각해 보게 된다.

근본적으로 가정 폭력과 아동 학대가 다시 범죄로 이어지는 악순환을 막기 위해서는 주변의 관심과 사회적 안전망이 필수적이다. 우리가 놓친 피해자들이 폭력을 학습하기 전에 구출해야 한다는 것이다. 그런데 우리 사회에서는 아동 학대가 발생했을 때 아이들을 구출하고도 결국 폭력이 일어났던 가정으로 돌려 보내는 경우가 많다. 아동 학대의 가해자는 친부모인 경우가 92.2%나 되는데 그중 74.4%의 아이들이 원가정으로 돌아간다.

집으로 돌아간 아이들은 어떻게 될까? 조사에 따르면 지난 2021년 아동 학대 가운데 아이를 또다시 학대한 사례가 5,517건으로 그해 발생한 아동 학대의 14.7%를 차지했다고 한다. 가해자의 처벌도 중요하지만 장기적으로 아동 학대나 가정 폭력의 징후에 대한 주변인들의 관심도 중요하다. 그리고 피해 아동의 입장에서 국가 차원의 지원과 도움을 주려는 노력이 반드시 병행될 필요가 있다.

디지털 성범죄와 불법 도박의
수상한 연결고리

청소년을 노리는
불법 도박의 늪

어릴 때 동전을 가지고 '홀짝 게임'을 해 본 경험이 있을 것이다. 손에 동전을 넣고 짤짤 흔들다가 왼손 오른손에 주먹을 쥐고 상대에게 '오른손에 있는 동전의 수가 홀? 짝?' 맞추게 하는 간단한 게임이다. 요즘에는 이와 유사하게 5분마다 홀이나 짝 하나에 베팅한 뒤 사다리 타기로 승부를 가리는 '사다리 게임', 세 마리의 달팽이 중 가장 먼저 도착하는 달팽이를 맞추는 '달팽이 레이싱 게임' 같은 미니 게임들이 많다. 룰이 간단하고 베팅이 쉬우니 진입 장벽이 낮지만 이 역시 도박인 것은 마찬가지다. 적은 돈을 걸어서 큰돈을 따는 경험을 하게 되면 그때부터 걷잡을 수 없이 빠져, 결국 도박 중독으로 이어지는 경우가 생긴다.

통계에 따르면 2017년 37명이었던 10대 도박 중독 환자가 2021년엔 127명으로 226%나 늘었다고 한다. 통계가 이정도라면 실제로는 더할 것이다. 도박에 빠진 청소년들은 성인이 돼서도 끊지 못한다. 최근에는 군대에서도 사병들의 불법 도박이 문제라고 한다. 실제로 2017년부터 2021년까지 군대 내에서 사병이 불법 도박을 하다 처벌받은 건수는 총 1,557건, 적발 총액은 약 605억 원이나 된다. 혹자는 군대에 스마트폰 이용이 허가돼서 늘어난 게 아니냐고 하지만, 도박을 하던 사병들은 사실 학창 시절부터 해 왔다고 보는 게 타당하다.

더 큰 문제는 많은 불법 도박 사이트가 성착취물 사이트와 공생 관계를 맺고 있다는 점이다. 2019년에 한국 사회를 충격에 빠뜨렸던 N번방 사건은 주범인 조주빈이 징역 42년을 선고받고 마무리되었으나, 이와 유사한 디지털 성범죄가 사라진 것은 아니다. N번방이 존재하던 시절에도 그 채팅방에서 불법 도박 사이트를 홍보하던 정황이 있으며, 성착취물 영상을 경품 삼은 불법 도박 사이트도 여전히 존재한다.

십대들이 불법 도박에
빠지는 이유

십대들은 어른들처럼 카지노나 경마장에 가는 것이 아니라 주로 스마트폰을 이용해서 처음 도박을 접한다. 요즘 아이들 사이에 놀이 문화가 없다 보니 도박 게임으로 서로 친해지는 경우도 많다. 교실에서 쉬는 시간이나 점심시간마다 웅성웅성 모여 '이야!' 환호했다가 '아~' 탄식하는 분위기가 조성되면 궁금해서 다가가게 되고, 그러면 친구들이 '너도 해 보라'면서 성인 인증이 필요 없는 불법 도박 사이트를 공유해 주는 식이다.

공유받은 사이트에 들어가 보면 홀짝이나 사다리 게임 같은 게 겉으로 보기엔 도박 같지가 않다. 처음에는 친구에게 돈을 주면서 대신 베팅해 달라고 하거나, 친구의 아이디를 빌려서 하다가 점차 익숙해지며 동전 넣고 오락실에서 게임하듯 즐기게 된다. 무엇보다 도박하는 순간에 친구들 사이에서 주목받는 '인싸'가 되는 기분을 즐기거나, 통장에 입금되는 돈을 보면서 우월한 기분을 느끼기도 하며 도박에 점점 빠져들게 되는 일이 많다. 게다가 최근에는 불법 도박 사이트들의 홍보 수법이 더욱 악랄해지는 추세다. '스팸 문자를 대신 뿌려 주면 건당 얼마씩 주겠다'는 문자 알바로 청소년을 유혹하는데, 스팸 문자의 내용은 당연히 불법 도박 사이트의 홍보다. 이에

혹한 십대들이 알바 삼아서 스팸 메일을 발송하다가 호기심에 도박 사이트에 접속해 보기도 한다.

도박은 어떤 경로로든 한번 손대면 빠져나오기 매우 어렵다. 마약이나 알코올은 '물질 중독', 도박이나 게임 범죄 등은 '행위 중독'이라고 한다. 중독은 중뇌 변연계 보상 회로에서 분비되는 도파민 등 보상 체계의 왜곡으로 일어난다. 특히 충동 성향이 강한 청소년기에 도박에 빠지면 더욱 위험하다. 갑작스레 큰돈을 쥔 쾌감으로 보상 체계가 무너지면서 심리적 의존성이 높아지고, 일하면서 돈 버는 행위를 하찮게 여기는 마음이 생기기 때문이다. 여기에 잃어버린 금액을 만회하겠다는 보상 심리까지 작용하면 정상 생활로 돌아가는 일이 결코 쉽지 않다. 무엇보다 이처럼 도박에 빠진 십대들이 돈을 잃고 궁지에 몰리면 결국 2차 범죄로 이어질 가능성이 높다는 것이 더욱 심각한 문제다.

물론 청소년들의 온라인 불법 도박이 한국만의 문제는 아니다. 하지만 다른 나라에서는 이에 대처하는 방안을 적극적으로 내놓고 있다. 영국에서는 온라인 도박 사업 면허를 내줄 때 그 회사에 청소년 도박 방지의 책임을 지운다. 도박 사이트의 광고는 연령 인증을 해야만 볼 수 있고, 조금이라도 사행성이 보이는 문구는 바로 제한된다. 프랑스에서는 도박 사이트에 아예 '미성년자 도박 금지'라는 경고 문구를 의무적으로 표시하도록 했다. 사이버 순찰 제도도 운용해서 경찰이 실제 불법 도박 사이트에 들어가 베팅을 하면서 운영자를 적발한다. 또 일본에선 청소년 도박 중독으로 발전할 수 있는 게임 자체를 규제한다. 예를 들어 제비뽑기 방식의 사행성 가챠 게임이 십대 사이에 인기를 끌자 일본 소비자청이 규제를 결정했고, 게임 업체들은 사업을 종료했다. 한국도 청소년 불법 도박 문제를 어떻게 교육하고 규제할 것인지에 대한 강력한 방안을 하루빨리 마련하는 것이 중요하다.

우리 사회의
범죄

　과거에는 범죄자들이 피해자들을 물리적으로 공격했다면, 요즘 우리 사회에서 벌어지는 범죄는 정신적, 정서적인 고통을 가하는 방식으로 또 한 번 진화하고 있다. 불법 도박 사이트에서 막대한 채무를 지고, 이를 덮기 위해 또 다른 범죄에 연루되면서 결국 피해자들이 정신적인 사지로 내몰리는 것이다.

　이를 해결해 나가려면 겉으로 드러나지 않는 고통을 겪고 있을지 모를 주변인들에게 관심을 갖고 사회적인 관계의 중요성을 다시금 상기해야 한다. 또한 피해자를 바라보는 사회적 인식 변화도 중요하다. 이 범죄의 폐해를 잘 모르는 사람들은 '그러니까 왜 그걸 시작해서, 왜 괜히 발을 들여서'라는 식으로 쉽게 피해자들을 비난한다. 하지만 가해자들의 노림수가 바로 거기에 있다. 자신의 잘못을 '그럴 만했다'는 식으로 피해자들에게 덮어 씌우고는 자신이 지은 죄의 무게를 덜고 싶어 하는 것이다.

범죄의 유형은 계속해서 변화하고 진화한다. 범죄를 예방하기 위해 개인의 노력을 넘어 안전한 사회를 구축하기 위한 법적, 제도적, 사회적인 노력과 관심이 꼭 필요하다. 근본적인 1차적 노력으로는 어린 시절부터 학대 없이 올바른 교육을 통해 다른 생명체를 존중하는 태도와 인권 감수성을 키워 주는 사회가 되어야 한다. 만일 1차 예방에 실패해 범죄 동기와 의도를 가지게 된 자가 있더라도, 제도를 통해 2차적으로 범죄를 저지르기 어렵도록 경찰 순찰, CCTV, CPTED 자율방범조직 등 사회적 예방책이 세워져야 할 것이다. 마지막으로 2차 예방에도 실패해 범죄를 저지른 자들이 다시 범죄를 저지르지 않도록 신속한 검거와 엄정한 형벌이 필요하다. 더불어 효과적인 교정 처우가 이루어진 다음, 출소 후 사회적 처우 및 관리도 조속히 이행되어야 한다.

시대별 범죄의 유형은 우리 사회의 그늘을 반영한다. 다만 우리가 기억할 것은 어느 시대에든 악이 있었지만, 늘 선한 사람들이 악을 몰아 낸다는 사실이다. 두려움을 몰아내고 따뜻한 시선으로 주변에 관심을 갖고 바라본다면 어제보다 조금씩 밝은 사회로 나아갈 수 있으리라 믿는다.

흔히 한국이 마약 청정국이라고 생각한다. 하지만 대한민국도 더 이상 마약에서 자유롭지 않다. 마약은 우리가 눈치채지 못하는 사이에 사회를 좀먹고, 개인의 삶을 망가뜨리는 치명적인 위협으로 다가오고 있다. 적의 실체를 모른 채 싸울 수는 없다. 문제를 해결하기 위해서는 우선 그 심각성을 인지할 필요가 있다. 마약이 우리 곁에 얼마나 깊숙이 들어와 있으며, 개인의 삶을 어떻게 파괴하는지 제대로 알고 경각심을 길러 대비해야 한다.

당신 곁에 마약이 있다

김희준
마약 전문 변호사

김희준
마약 전문 변호사

1996년 대구지검 경주지청 검사로 시작하여 22년간
검찰에서 조직 폭력배과 마약사범을 잡는 '마약 전문
강력부 검사'로 근무했다. 서울중장지검 강력부장
시절 영화 〈수리남〉의 실제 사건을 담당해 마약왕
조봉행을 구속, 기소했으며 국내 최초로 '물뽕'을
적발해 마약류로 등재시켰다. 그가 22년간 검찰에서
마약사범을 수사하면서 깨달은 것은 우리나라가
절대 '마약 청정국'이 아니라는 사실이다. 지금은
수년간 현장에서 겪은 경험과 노하우를 바탕으로
마약의 실태와 심각성을 전하고, 마약 관련 사건을
해결하는 변호사로 활약하고 있다.

내가 모르는 사이에
마약사범이 될 수 있다

〈수리남〉의 실제 인물,
마약 사범 조봉행

　2004년 10월 30일, 깜짝 놀랄 만한 사건이 발생했다. 프랑스 파리 오를리 공항에서 '장 씨'라는 여성이 체포되었는데, 평범한 가정주부인 그의 가방에서 뜬금없이 코카인 37kg가 발견된 것이다. 그런데 불과 하루 뒤인 10월 31일, 이번에는 페루 리마 공항에서 40대 후반의 한국인 '이 씨'가 코카인 11.5kg가 담긴 가방을 들고 입국하려다 체포되었다. 두 사람이 운반한 코카인은 총 48.5kg으로 약 160만 명이 동시에 투약할 수 있고, 시가로는 약 1천 600억 원에 달하는 양이었다.

　문제는 장 씨와 이 씨 모두 마약은커녕 전과도 없는 평범한 시민인 데다가, 자신은 가방에 든 물건이 '보석 원석'인 줄 알았다며 펄펄 뛰는 것이었다. 그렇다면 도대체 누가 가방에 코카인을 넣었을까? 수사가 시작되고 두 사람의 증언에서 공통적으로 등장하는 인물이 있었다. 1990년대 말부터 2000년대 초까지 대규모 마약 밀매 조직을 운영했던 '조봉행'이다. 조봉행은 영화 〈수리남〉에서 마약왕 황정민의 모티브가 된 실제 인물로, 그가 거점을 두고 활동했던 곳이 바로 남미의 '수리남'이다.

원래 한국 국적이었던 조봉행은 1994년에 국내에서 10억 원대 사기를 치고 수리남으로 도피한 사람이다. 선박 수리 기사로 일하며 수리남에서 거주한 경험이 있는 그가 사기 범죄에 대한 수사망이 좁혀지자 수리남으로 도망간 것이다. 그리고 그곳에서 국적을 취득하며 국적법상 완전히 외국인이 되어 버린다.

사기꾼이었던 조봉행이 갑자기 마약 사범이 된 것에는 뒷이야기가 있다. 1980년대, 수리남에서 선박 수리 기사로 일하던 조봉행은 데시 바우테르서라는 군인의 배를 고쳐 준다. 그런데 사실은 그 배가 마약 밀매에 쓰이는 배였던 것이다. 조봉행은 이때 국제 마약 사범이었던 데시 바우테르서와 인연을 맺고 마약 밀매까지 손을 뻗치게 된 것으로 의심된다. 이후 1980년에 데시 바우테르서가 군사 쿠데타를 일으켜 실질적인 수리남 지도자의 자리에 오르자, 조봉행은 권력자를 뒷배로

두게 되었다. 그렇게 수리남의 초호화 호텔에서 지내는 등 국빈 대접을 받고 지냈던 것으로 보인다.

조봉행은 어마어마한 인적 네트워크를 바탕으로 당시 남미 최대 마약 카르텔인 '칼리 카르텔'과 손잡고 코카인 밀수 사업에 뛰어든다. 바로 이때 마약 운반을 하기 위해 조봉행이 사용한 방식이 '한인 지게꾼 작전'이다. 조봉행은 우선 수리남에서 사업하는 한인들에게 평범한 사람들을 대상으로 마약 운반책인 '지게꾼'을 모집하자고 제안했다. 유럽으로 마약을 운반해 주면 마약 조직으로부터 인당 2만 달러를 받게 되는데, 지게꾼에게 400만 원만 주고 나머지는 나눠 갖자는 것이다.

이 말에 넘어간 한인들은 두 가지 조건을 두고 적당한 지게꾼을 물색한다. 첫째, 해외여행 경험이 없어서 해외 사정에 어두워야 하고, 둘째는 돈이 필요한 사람들이어야 한다는 것이다. 당장 우리 주변에도 있는 평범한 사람들이 이들 범죄의 표적이 되었던 셈이다. 심지어 조봉행 일당은 한국에 있던 자기 지인이나 친척 들까지도 이 범죄에 끌어들였는데, 프랑스에서 잡혔다는 장 씨도 남편 후배의 부탁으로 마약이 든 가방을 운반하게 된 것이었다.

이들은 거짓말로 한인 지게꾼들을 현혹했다. '우리가 금광 사업을 하는데 보석 원석을 프랑스와 페루로 옮겨야 한다. 그런데 무게 제한이 있어서 한 사람이 다 들고 공항을 통과할 수 없다. 그러니까 대신 나눠 들고 가면 400만 원도 주고 공짜

해외여행도 시켜 주겠다'고 말하고서 코카인이 든 가방에 자물쇠를 달아 건넨 것이다.

결국 파리 오를리 공항에서 현행범으로 체포된 가정주부 장 씨는 변변한 재판 한 번 하지 못하고 대서양의 외딴섬인 마르티니크 섬의 뒤코스 교도소에 수감되었다가 약 2년 뒤 한국으로 돌아온다. 페루에서 체포된 이 씨는 무려 징역 10년형을 선고받고 페루 감옥에 수감되었다가, 다행히 5년 만에 특별 사면으로 석방되었다. 돌아올 수 있어 다행이지만, 평범한 시민이었던 이 두 사람은 조봉행 때문에 하루아침에 마약 사범으로 전락하게 되었다.

조봉행을 검거하기 위해 2005년에 인터폴에 적색 수배를 의뢰했다. 하지만 수리남에는 한국 대사관도 없고, 형사 사법 공조 조약도 체결되지 않은 상태라 조봉행을 브라질로 유인해야 했다. 그렇게 2009년 7월 23일, 상파울루 공항에서 브라질 경찰의 도움으로 조봉행을 체포했다. 그로부터 2년 뒤인 2011년, 조봉행이라는 인물을 찾아낸 지 무려 7년 만에 그를 국내로 압송하는 데 성공한다.

다만 조봉행은 국적상 외국인이 외국에서 범죄를 저지른 셈이라 한국법으로 무거운 처벌을 내릴 수 없었다. 결국 그는 징역 10년의 형량을 선고받는다. 검찰 측에서는 더 무거운 형량을 요구했지만, '선량한 한국인들을 이용해 국제적으로 마약을 운반했다'는 죄에 대한 형량만을 선고받게 되었다.

의도치 않게
접근해 오는 마약

조봉행 사건 이전까지는 마약 사범 수사가 국내에 집중되어 있었다. 그러나 이 사건을 계기로 해외 조직들이 한국인들을 운반책으로 쓴다는 걸 알게 되면서 수사 범위가 확대되기 시작했다. 마약 조직들은 대개 구인 사이트나 여행 사이트에 '물건 대행 전달 및 운반'을 해 주면 1인 300만 원을 당일 지급한다는 식으로 글을 올린다. 실제로 2019년에는 이런 게시글에 속아 캄보디아로 단체 여행을 간 척 필로폰을 몸에 숨기고 돌아온 가정주부 12명이 단체 검거되는 일도 있었다.

이런 사례 외에도 간혹 공항에서 낯선 사람이 다가와 '수화물 무게가 초과되어 그러는데 대신 들고 통과해 달라'는 식의 부탁을 하면 반드시 거절해야 한다. 마약 사범들이 마약을 운반할 때 자주 쓰는 수법인 데다가 대신 짐을 들어 주다가 잡히면 내 물건이 아니더라도 문제가 생길 수 있다.

나도 모르게 마약을 운반하는 것뿐만 아니라 해외여행을 갔다가 나도 모르게 마약을 먹게 될 수도 있다. 최근에는 태국에서 대마가 합법화되면서 정부에서도 태국 내 대마 관련 제품의 구입 및 섭취 주의를 당부하고 있다. 태국뿐 아니라 미국 일부, 캐나다, 스페인, 네덜란드, 오스트리아 등에서도 대마초가 합법이다. 하지만 한국은 속인주의를 채택하고 있기 때문에 해외에서 마약을 해도 국내 마약류관리법 제61조에 따라 5년 이하의 징역이나 5,000만 원 이하 벌금에 처할 수 있다. 마약인 줄 모른 채 먹었다고 주장하더라도 수사 기관에서는 그 사람이 마약을 취득한 경위, 섭취량, 횟수, 방법 등 객관적인 증거를 종합해서 판단하게 된다. 마약을 파는 가게는 대마초 잎을 본딴 간판이나 로고, 메뉴 사진 등을 명시하는 곳이 많기 때문에 '모르고 먹었다'는 핑계가 통하지 않을 수 있다.

당연히 대마로 만든 물건이 신기하다고 소지한 채 귀국해서도 안 된다. 실제로 한 캐나다 유학생이 캐나다에 사는 작은 아버지께 대마 캔디를 선물받아 한국에 가지고 들어왔다가 세관에 걸린 일이 있었다. 이 경우 마약 밀수 혐의가 더해져서 징역 5년 이상 또는 무기징역까지 처해질 수 있다.

또한 태국의 대마 합법화는 많은 사람의 오해와 달리 '의료 및 상업용에 한해서' 허용되는 것으로 보건부 장관이 '재미삼아 대마초를 피우는 건 여전히 불법'이라고 이야기하기도 했다. 캐나다에서도 2018년에 오락용 대마초가 합법이 되었지만 트뤼도 총리는 "대마초가 건강에 좋다고 생각해서 합법화한 게 아니다. 범죄 조직의 수익을 줄이고 아이들을 지키기 위해서다"라며 마음껏 마약을 하라는 의미가 아니라고 강조했다. 캐나다에는 대마초 흡연자가 490만 명이 넘어 전부 수감하려면 교도소 자리가 부족할 정도다. 마약 만드는 업장도 매우 비위생적이기 때문에 캐나다에서는 차라리 국가에서 대마를 관리해 위생상 문제를 줄이고 불법 조직의 수입을 막아 중독자 치료에 쓰겠다는 입장이다.

대마를 비롯해 필로폰, 코카인 등의 마약에 중독되는 과정은 결국 동일하다. 우리 뇌에서 도파민을 과다 분비시켜 행복을 느끼는 보상 회로를 돌리다가 나중에는 보상 회로가 망가지는 것이다. 특히 대마를 했을 때 환각을 일으키는 주요 성분 'THC'는 고용량으로 흡연하거나 섭취할 경우 환청이나 망상 등의 정신 질환을 앓을 확률이 다섯 배나 증가한다는 연구가 있다. 마약을 하다 보면 점점 더 큰 자극을 원하게 되기 때문에, 절대로 혼자 중독에서 빠져나오거나 통제할 수 없다.

악질적인 마약
'물뽕'의 함정

색도 없고 향도 없는 약물,
GHB

　성범죄를 저지르기 위해 물잔이나 술잔에 몰래 마약을 타는 사례에 대해 들어 봤을 것이다. 이처럼 타인에 의해 원치 않게 마약에 중독되는 사건도 적지 않다.

　2018년 12월, 여성 A씨는 강남 클럽에 놀러갔다가 친구들이 소개한 남성과 합석하게 됐다. 그리고 남성이 권하는 술을 몇 잔 마시다 보니 어느 순간 A씨는 기억을 잃었다. 다음 날, 정신을 차려 보니 A씨는 호텔에 있었다. 옆자리에 누워 있는 남성을 확인한 A씨가 당장 경찰에 신고했지만 호텔 CCTV에서는 A씨가 두 발로 멀쩡히 걸어 호텔에 들어가는 모습이 확인되었다. 어떻게 된 일일까?

　　A씨는 바로 '물뽕'의 피해자였다. 흔히 '물뽕'이라고 하는 약물은 원래 '감마 하이드록시부르티산', 줄여서 'GHB'라고 한다. 색도 없고 향도 없는 약물인데 60년대 유럽에서 산부인과 수술을 하거나 출산할 때, 통증 완화제나 정맥 마취제로 쓰기도 했다. GHB가 우리 몸에 들어오면 10분에서 15분 내로 술에 취한 것 같은 상태가 된다. 문제는 몸은 움직일 수 있는데 자유 의지를 상실한 상태이기 때문에 주변 사람이 시키는 대로 움직이게 된다는 것이다. 그러다가 근육이 풀리고 잠이 쏟아지는데, 이때는 깨워도 일어나지 못하고 다시 깨어났을 때는 기억이 나지 않는다. A씨의 사건에서는 안타깝게도 물뽕으로 인한 피해를 밝히기 어려워 범인을 검거하지 못했다.

나도 모르게
마약에 노출될 수 있다

　　성범죄를 목적으로 술에 타는 마약은 물뽕만이 아니다. 흔히 '퐁당', '몰래뽕'이라는 단어는 상대 몰래 술이나 탄산음료에 약을 타거나, 전자 담배나 물 담배를 권하는 척 약을 피우게 하는 행위를 뜻한다. 이때 사용하는 약은 대개 필로폰인데 필로폰은 한 번의 섭취만으로도 중독으로 이어진다. 즉 이

행위에 당하면 피해자는 자기도 모르는 사이에 마약 중독에 빠지고 마는 것이다.

실제로 유흥업소에서 일하던 여성 종업원이 무심코 남성 손님이 준 초코 우유를 마셨는데, 알고 보니 그게 필로폰을 탄 우유였던 사례가 있다. 그런데 종업원이 마약을 마신 걸 확인한 남성 손님은 태도를 바꾸면서 '신고하면 너도 처벌받는다'며 공범 취급을 하고는 칼을 들이밀고 마약을 강요했다. 결국 종업원은 중독자가 되어 버렸고, 마약 운반책으로까지 이용당하다가 경찰에 붙잡혔다.

타의로 마약에 중독되는 사례는 결코 드물지 않다. 2019년에 발표된 '한국 여성의 마약류 경험에 관한 연구'에 따르면 조사에 참여한 여성 마약 중독자 중의 12.5%가 인식이 없는 상태에서 마약을 시작했고, 5.8%는 퐁당이나 몰래뽕으로 중독자가 되었다고 답했다.

약물을 사용한 성폭력 피해를 입증하려면 소변이나 혈액 검사에서 약물이 검출되어야 하는데, 24시간이 지나면 체내에서 약 성분이 다 빠져나간다. 특히 술과 함께 마시면 체내에서 빠져나가는 속도는 더 빨라진다. 이렇게 억울하게 마약을 먹게 된 경우, 즉각 신고하고 검사를 받는 게 매우 중요하다. 이때는 물뽕 성분이 몸에서 빠져나가기 전인 24시간 이내에 빠르게 검사하는 게 중요하기 때문에 씻지 않은 상태여야 한다. 신고를 하면 경찰들이 피해자의 동선을 따라 CCTV를 확보해서 가해자를 추적하기 때문에 설령 몸에서 물뽕이 검출되지 않더라도 가해자를 준강간 혐의로 잡을 수 있다.

경찰에 신고한 후에는 성폭력 피해자 지원 센터인 '해바라기센터'에서 소변 검사를 해야 한다. 법정에 제출된 증거물이 효력을 발휘하려면 '증거물 보관의 연속성', 즉 증거의 수집과 보관, 감정이 관리 아래 잘 진행됐는지가 중요하다. 해바라기센터 의료진이 채취한 증거물은 담당 경찰관을 거쳐 국립과학수사원에 전달되기 때문에 증거물 보관의 연속성을 인정받을 수 있고, 증거물의 법적 효력도 높다. 마약 투여의 처벌은 '고의성'을 따지기 때문에 수사관이 증거와 검사 결과를 종합하여 피해 사실이 확실하면 그에 따른 도움을 줄 수 있다.

그나마 다행인 점은 음료에 마약을 섞었는지 확인할 수 있는 휴대용 검사 키트가 상용화되었다는 것이다. 키트에는 두 종류가 있는데, 한 가지는 동그란 스티커형 진단 키트다. 가방이나 휴대폰에 미리 붙여 놓고 음료가 의심스러울 경우, 음료에 손을 살짝 담갔다가 스티커 위에 스치면 된다. 음료에 물뽕이 들어 있었다면 1분 안에 노란 스티커가 연두색으로 바뀐다. 또 다른 키트는 길쭉한 스트랩형으로, 잔에 키트를 담가 필로폰과 코카인 등의 검출을 확인할 수 있다. 마약이 들어 있다면 키트 중앙에 검은 동그라미가 생긴다. 물론 가장 중요한 건 애초에 마약을 근절하는 것이지만, 스스로 확인하는 어느 정도의 예방이 가능하지 않을까 기대한다.

10대를 위협하는 마약
'펜타닐'

펜타닐에 취한
미국 좀비 거리

한때 '미국 좀비 거리'라는 영상이 화제를 모았다. 영상 속의 장소는 미국 동부 최대 마약 거래 시장으로 알려진 미국 필라델피아 북동부의 켄싱턴이다. 영상 속에서 허리를 숙이고 멈춰 있거나 이상한 자세로 걷는 모습의 사람들은 대부분 마약에 중독된 노숙자들이다. 이곳에 사는 노숙자가 700명이 넘는데 경찰도 마약 유통을 막지 못하고, 길가에는 대놓고 마약 주사기 수납통도 있을 정도라고 한다.

이곳에서 유통되는 마약 중 가장 악독한 종류가 바로 '펜타닐'이다. 펜타닐은 원래 오피오이드 계열 마약성 진통제로,

헤로인을 백 배 농축한 것이다. 진통 효과가 강렬해서 원래는 말기 암 등 중증 질환 환자의 고통을 완화하기 위해 쓰였다. 문제는 진통 효과만큼이나 중독성과 살상력도 매우 강하다는 점이다. 청산가리의 치사량이 60mg 정도인데, 펜타닐의 치사량은 고작 2mg에 불과하다. 게다가 몸 안에 산소가 부족해지면서 뇌가 손상되는 심각한 부작용이 있기 때문에 나중에는 결국 호흡을 하지 못해 사망에 이른다.

최근 한국에서도 펜타닐이 심각한 문제로 대두되는 추세다. 원래 펜타닐은 약으로 쓰이기 때문에 약국에서도 쉽게 구할 수 있는데, 2019년 무렵부터는 마약으로 남용되는 사례가 많아졌다. 2021년 5월에는 무려 42명이 펜타닐을 투약하다가 한꺼번에 적발된 사건도 있었다. 충격적인 건 이 투약자들이 전부 10대 청소년이었다는 점이다. 심지어 이 중 9명은 학교에서도 펜타닐을 했다고 자백했고, 경찰 조사를 받는 도중에 펜타닐에 손대는 아이들도 있었다. 지방의 영세한 의원과 약국을 노려 가짜로 아픈 척하며 통증을 호소해 펜타닐 처방전을 받아 낸 것이다. 펜타닐은 애초에 제약 회사에서 만들었고 처방전만 있으면 구할 수 있다 보니, 중독자들 사이에서는 처방전을 잘 주는 병원 명단을 사고팔기까지 한다.

2020년 7월에는 이와 관련한 충격적인 사건도 있었다. 인천의 한 섬에서 20대 남성의 시신이 담긴 가방이 발견됐는데, 범인이 다름 아닌 피해자의 친구들로 밝혀졌다. 가해자 2

명과 피해자는 10대 시절부터 함께 펜타닐을 하면서 어울렸다고 한다. 그러다 피해자가 가해자들에게 '펜타닐 처방이 수월한 병원을 소개해 달라'고 조른다. 가해자들이 소개해 준 단골 병원 의사가 펜타닐을 자주 요구하는 피해자를 수상하게 여겨 더 이상 처방전을 내주지 않자, 덩달아 펜타닐 공급이 끊기게 된 가해자들이 앙심을 품은 것이다. 결국 가해자들은 펜타닐을 흡입하고 흥분한 상태에서 피해자의 옷을 벗겨 손목을 청테이프로 결박하고 무려 7시간에 걸쳐 구타를 한다. 이 과정에서 피해자가 피멍투성이 상태로 쓰러지자 그 옆에서 윙크하는 인증샷을 SNS에 올리기까지 했다. 끝내 피해자는 목숨을 잃었다.

UN에서는 이미 2020년 3월에 펜타닐류 약물을 마약으로 지정했고, 이후 한국에서도 2021년 1월부터 펜타닐을 마약으로 분류하여 관리하고 있다. 지난 10월에는 정부에서 의료용 마약 관리를 더 강화하겠다고 발표하기도 했다. 앞으로는 의사가 마약류 약품을 처방할 때 의무적으로 환자의 투약 이력을 확인해야 한다.

마약을 멀리해야 하는 이유

예전에는 마약을 사고팔 때 신뢰할 만한 사람과 대면하여 거래하는 방식이 일반적이었다. 하지만 SNS가 발달하면서 유통 창구가 웹으로 옮겨 가고 있다. 판매자들이 SNS에 은어를 써서 마약 판매를 광고하고, 추적이 안 되는 텔레그램 마약방을 통해 거래하는 것이다. 처음 거래하는 사람에게는 반값이나 무료로 샘플을 준다고 홍보하기도 한다. 어차피 한 번만 투여해도 중독되니 무료 미끼를 던져 고객을 늘리는 식이다.

또 가상 화폐로 거래를 하면서 10~20세대가 마약에 접근하기도 이전보다 쉬워졌다. 2017년까지는 전체 마약 사범 중 40대의 비중이 가장 높았는데, 작년부터는 20대가 가장 많은 비중을 차지하고 있다. 그 사이 10대 마약 사범의 수도 2011년 41명에서 2021년 450명으로 지난 10년간 열한 배 가까이 늘어난 추세다.

신종 마약의 종류도 점점 많아져서 현재는 마약류로 알려진 것만 2,000여 종이 넘을 정도다. 화학 성분을 결합하는 기술이 발달하면서 이름조차 알 수 없는 마약이 늘어나는 상황이다. 문제는 이 신종 마약들의 중독성이 어느 정도인지, 신체에 어떤 작용을 하는지조차 불분명하다는 점이다. 게다가 신종 마약이 계속 유입되다 보니 자신이 어떤 류의 마약을 소지하고 운반했는지, 그게 불법인지 아닌지조차 인지하지 못하는 경우도 많다. 나도 모르게 마약 사범, 아니면 마약 중독자가 될 가능성이 높아진 것이다.

마약 범죄의 결론은 하나같이 똑같다. 한번 손대면 빠져나오기 어렵고 결국 비참한 말로를 맞는다. 아직도 많은 사람이 '나는 다를 거야, 한 번은 괜찮겠지'라고 생각하지만 마약은 결코 의지로 통제할 수 없다. 마약에 중독되면 정상적인 사회생활이 어려워지고, 환각 상태에서 각종 범죄를 저질러 남에게 피해를 줄뿐더러, 중독이 심해지면 약물 사용량이 치사량에 이르러 목숨까지 잃게 된다.

이제는 마약을 쉬쉬하는 것이 아니라 오히려 오히려 마약의 위험성에 대해 어릴 때부터 배우고 제대로 인지할 필요가 있다. 특히나 10대 마약 사범이 늘어난다는 것은 정말 심각한 문제다. 10대 청소년도 마약이 적발되면 똑같이 처벌을 받을 뿐 아니라, 어릴수록 중독 현상이 더욱 심하다. 뇌가 성장하는 과정에서 중독 질환이 생기기 때문에 중독된 상태를 원래 자기 뇌라고 인식하여 치료하기도 훨씬 어렵다.

애초에 마약에 접근하지 않도록 하는 것이 가장 중요하지만, 교과 과정 내에서 마약의 위험성을 알리는 내용을 접하도록 하는 등 정확한 정보를 전달해 경각심을 키울 필요도 있다. 또 사회적으로 마약의 심각성을 인지하여 무분별한 처방이나 유통이 없도록 더욱 철저한 관리 감독이 이루어져야 한다. 대한민국도 더는 마약에서 자유롭지 않다. 마약은 우리가 눈치채지 못하는 사이에 사회를 좀먹고, 개인의 삶을 망가뜨리는 치명적인 위협으로 다가오는 중이다.

포토저널리즘에서는 사진을 연출하지 않고 있는 그대로를 기록한다. 수많은 역사의 현장에서 결정적인 순간을 포착하고, 진실을 바탕으로 메시지와 임팩트를 담는 것, 그래서 한 번 보면 영원히 잊지 못할 장면을 전달하는 것이 사진의 힘이다. 그래서 포토저널리스트 강형원은 지금 내 눈앞에 있는 순간에 집중한다. '이 세상에서 한 번 밖에 없는 순간을 영원히 사진으로 멈출 수 있는 기회'를 낭비하지 않기 위함이다.

사진에는 영원히 잊지 못할 힘이 있다

강형원

포토저널리스트

강형원
포토저널리스트

1963년 한국에서 태어나고, 1975년 고향을 떠나
47년 동안 미국에서 공부하고 포토저널리스트로
활약했다. UCLA 정치외교학과 학위를 받고
LA타임스, AP통신, 백악관 사진부, 로이터통신
등에서 33년간 사진 기자, 편집자,뉴스룸 매니저로
활약했다. 1993년 한국인으로는 최초로 언론계의
노벨상이라고 불리는 퓰리처상을 수상하였고,
1999년에 다시 한번 퓰리처상을 수상하며 퓰리처상
2회 수상자가 되었다. 2020년부터는 한국 문명과
문화유산을 영어 문화권의 객관적인 시각으로 취재,
보도하며 국내외 언론인, 학교, 기업, 공직자 기관
등을 대상으로 활발한 강연을 하고 있다.

강형원이 기록한
대통령

풀리처상을 받은
클린턴 대통령 스캔들 보도

포토저널리스트 강형원은 40년 이상을 미국에서 포토저
널리스트로 일하고, 1997년부터는 워싱턴 AP통신 사진부 책
임자로서 대통령을 취재하는 백악관 담당으로 기자들을 지휘
했다. 그런데 바로 이 무렵 빌 클린턴 전 대통령의 불륜 스캔
들이 터졌다. 클린턴 대통령이 1995년 11월부터 1996년 3월
까지 백악관 인턴이었던 모니카 르윈스키와 부적절한 관계를
맺었다는 내용이었다. 온 미국이 충격에 휩싸였다. 클린턴 대
통령은 처음에는 불륜 사실을 부정하다가 결국 위증인 것이
밝혀지며 탄핵 위기에 몰리기도 했다.

스캔들이 터지자마자 즉시 취재에 들어갔다. 미국 사진 기자들에게는 대통령 부부의 금슬을 보여 주는 책임이 있다. 우측의 사진은 그때 당시 클린턴 대통령과 힐러리 클린턴의 관계 변화를 보여 주는 두 컷의 사진이다. 당시 사진부 책임자로서 팀원들을 지휘하고 실시간으로 보도 사진을 선별해 내보내는 역할을 했는데, 팀원 모두가 열정적으로 취재에 매달려 1년 가까이 고생을 했다.

1999년에는 강형원을 비롯해 워싱턴 AP통신 취재에 참여한 사진부 스태프들이 역할에 따른 공로를 인정받아 팀으로 퓰리처상을 수상했다. J.퓰리처라는 유명 언론인의 유언에 따라 창설된 퓰리처상은 언론계의 노벨상이라고 불릴 만큼 높은 권위를 자랑하는 상이다. 언론뿐 아니라 문학, 드라마, 음악 등의 분야에서도 수상자를 선정하는데, 1998년 한 해 동안 '클린턴-르윈스키 스캔들' 취재 기록 중 20장의 대표 사진으로 퓰리처상 사진 기획 부문에서 수상한 것이다. 그가 받은 두 번째 퓰리처상이었다.

사이 좋은 클린턴과 힐러리 (사진 ⓒ 강형원)

서먹해진 클린턴과 힐러리 (사진 ⓒ 강형원)

백악관에서 온
스카우트 제안

클린턴 대통령 스캔들 취재를 지휘하면서 워싱턴 기자들 사이에서 입소문이 나더니 급기야 백악관에서 같이 일해 보지 않겠느냐는 스카우트 제의가 왔다. 백악관 사진부는 현역에서 인정받는 사진 기자 중 대통령실 초청으로 스카우트되어 일하게 되는 구조다. 색다른 경험을 해 보고 싶은 마음에 클린턴 대통령 임기 막바지부터 백악관 소속 사진부 직원으로 일하게 되었다.

언뜻 생각하면 클린턴 대통령 불륜 스캔들을 취재해 퓰리처상까지 받은 기자를 백악관에서 스카우트한다는 게 이상하게 느껴질 수도 있다. 하지만 해당 스캔들을 취재했다고 해서 클린턴 대통령의 반대편이라는 뜻이 아니다. 그저 기자로서 클린턴 대통령이 정치 지뢰밭에서 실수한 과정을 취재한 것이다. 미국의 언론은 편을 가르는 진영 논리가 적용되지 않는다. 언론은 있는 그대로를 취재할 뿐이고, 정치인들도 언론에 대해 왈가왈부하지 않는다. 모두 같이 미국의 민주주의를 완성시키는 한 팀이다. 또한 정치인들은 언론에 어떻게 기록되어 노출되는가에 따라서 역사에 어떻게 남을지와 차기 선거 당선 여부가 결정되기 때문에 '사진의 힘'을 누구보다 잘 알고 이용한다. 따라서 취재 내용과 관계없이 언론인으로서의 역할을 잘 해낸 명성 높은 기자를 파트너 삼고 싶어 하는 것은 자연스러운 일이다.

백악관 소속이 되고 나서 가장 큰 특혜는 허용된 공간에서만 취재가 가능했던 언론사 기자 신분과 달리, 백악관의 경내 어느 곳이든 다닐 수 있고, 또 무엇이든 사진을 찍을 수 있다는 점이었다. 무엇보다 새 대통령이 들어오는 역사적인 과정을 그 안에서 생생하게 지켜볼 수 있다는 건 어디에서도 경험하기 힘든 큰 배움이자 혜택이었다.

백악관에서 만난
미국 대통령들

클린턴 대통령 이후 2001년에 조지 W. 부시 전 대통령이 당선되었다. 대통령 취임식을 하루 앞둔 날, 대통령의 첫 공식 초상화 사진 촬영을 했다. 이전까지 부시 대통령은 술과 여자를 좋아한다는 부정적인 평판이 있었는데, 막상 마주한 부시는 매우 똑똑하고 사람들을 친근하게 대해 인간적으로 좋아하지 않을 수 없는 사람이었다. 그래서 촬영을 진행할 때는 알려진 평판보다 직접 바라본 이미지가 사진에 잘 드러날 수 있도록 노력했다. 부시 대통령 역시 보여지는 시선을 신경 써서 어떤 이미지를 요구하기보다 있는 그대로 자연스러운 모습이 담

3강—사진에는 영원히 잊지 못할 힘이 있다

대통령 취임 하루 전날 2021년 1월 19일
백악관 영빈관 블레어하우스에서 촬영한
조지 W. 부시 공식 초상 (사진 ⓒ 강형원)

2011년 1월 21일 백악관 남쪽 잔디밭에 마린 원 대통령 전용 헬리콥터를 타고 도착한
오바마 대통령 (사진 ⓒ 강형원)

기기를 원했다.

백악관 소속 기자 일을 마친 후에는 로이터통신 기자로 근무했다. 백악관 소속은 아니지만 백악관에 출입할 수 있는 기자로서 버락 오바마 대통령의 사진을 기록할 수 있었다. 오바마 대통령은 자기 관리에 워낙 철저하여 임기 내내 아무런 스캔들이 없었다. 혹시라도 아주 작은 실수라도 발생하지 않도록 주의했다. 그런 그의 사진에는 밝은 에너지, 또 미국을 상징하는 강인한 이미지를 담았다.

9.11 테러 현장으로
뛰어들다

9.11 테러가 발생한 날, 이슬람 과격 테러 단체인 알카에다가 총 네 대의 비행기를 납치하여 아침 8시 45분에 뉴욕 세계 무역 센터를 타격했고, 18분 후 두 번째 비행기가 쌍둥이 건물을 공격했다는 뉴스가 보도되었다. 그 장면을 TV 생방송으로 보면서 뉴욕으로 출발할 생각을 하다가, 이어서 펜타곤에 비행기가 추락했고 다른 한 비행기가 백악관을 향한다는 뉴스를 보고 바로 차를 몰고 나갔다.

펜타곤 피격 후 워싱턴에서 근무하는 연방 정부 직원들이 도심을 빠져나가는 길은 이미 차로 가득했다. 하지만 펜타

161

곤으로 향하는 도로는 비어 있어 단숨에 근처에 도착할 수 있었다. 주차를 한 뒤 2km가량을 뛰어갔고, 다음 비행기가 언제 떨어질지 모르는 상황에서 불길이 솟아오르는 미 국방부 건물을 촬영했다. 물론 위험한 상황이었다. 하지만 기자는 테러나 재난·재해 현장을 취재할 때 불이 난 현장으로 뛰어드는 소방관과 같은 사명감을 갖는다. 일반인들은 위험한 상황에서 안전한 곳으로 대피해야 하지만, 기자는 상황이 마무리되기 전에 얼른 그 속으로 뛰어들어가 진실을 기록하는 것이 의무이자 임무다. 물론 화재를 대비하여 차에 소방 자켓을 가지고 다니는 등 사전 준비도 철저히 한다.

테러 현장과 같은 위험한 현장을 취재할 때는 기자로서 피해자들의 불필요한 사생활을 노출하지 않고도 스토리텔링이 가능한 지점을 찾는 것이 중요하다. 알 권리를 위해 취재하지만, 죽은 사람의 시신이나 절단된 신체 부위 등 일반 시민들의 비극적인 모습을 불필요하게 사진으로 보여 줄 수는 없다. 아침을 먹으면서도 신문에 실린 사진을 보는 데 아무런 문제가 없도록 객관적이면서도 독자들이 기억할 수 있는 스토리텔링을 선별해서 보도해야 한다.

2001년 9월 11일 불타고 있는 미 국방부 본부 펜타곤 건물 뒤로
포토맥 강 건너 미국 초대 대통령 조지 워싱턴 기념비가 보인다. (사진 ©강형원)

2001년 9월 11일 미 국방부 본부 펜타곤 건물이 비행기가 추락한 후 불타고 있다.
(사진 ©강형원)

LA 폭동,
그 한가운데 서다

미국 미디어에 비친
한국인들

1992년 4월 29일, 미국 로스앤젤레스에서 LA 폭동이라 불리는 사건이 일어났다. 그날 있었던 로드니 킹 폭행 사건의 재판 결과가 발단이 됐다. 1991년 3월 '로드니 킹'이라는 흑인 운전자가 과속으로 검거됐는데, 체포 과정에서 경찰이 저항하던 그를 폭행한 것이다. 폭행 영상이 폭로되자 사회 전체가 경악했다. 경찰 중 4명이 폭행죄로 기소되어 재판을 받았는데, 막상 재판에서 3명은 무죄, 1명은 재조사 판결이 나왔다. 이에 분개한 흑인들이 즉시 LA 거리로 쏟아져 나와 벌인 시위가 미국 역사상 가장 파괴적인 폭동 LA 폭동이다.

2부—함께 만들어 가는 세상, 사회 수업

로드니 킹을 폭행한 경찰들은 백인이었다. 그러나 분개한 흑인들은 백인이 아닌 한인들에게 화살을 돌려 무차별 시위를 벌였다. 폭동으로부터 약 1년 전, LA에서 편의점을 운영하던 한인이 한 흑인 소녀가 오렌지 주스를 훔치는 것으로 오인해 몸싸움을 벌이던 중 소녀에게 총을 쏴 숨지게 한 일명 '두순자 사건'이 있었다. 그런데 미국 언론에서 '로드니 킹' 폭행 사건으로 폭동이 시작되자마자 과거의 두순자 사건을 집중적으로 보도했다. 결과적으로 한국인과 흑인 사이의 인종 갈등을 증폭시키며 분노의 화살을 한인들에게 향하도록 만든 것이다.

분노한 폭도들은 한인타운으로 몰려가 약탈과 방화를 저질렀고, 한인 상점 약 2,300곳이 약탈당하거나 전소되었다. 한인 쇼핑센터가 불탔을 당시에는 그 불길이 얼마나 컸으면 우주에 떠 있는 국제우주정거장에서도 곳곳으로 퍼지는 불이 관측될 정도였다고 한다. 경찰은 코리아타운 외곽의 베벌리힐스나 할리우드 같은 백인 밀집 지역을 지키며 백인들을 보호했지만, 코리아타운은 완전히 무방비 상태였다.

이렇게 큰 사건이 발생했는데도 불구하고 당시 1,000명이 넘는 LA 타임스 직원 중에 한국어 능통자가 없다 보니 LA 폭동의 한인 피해에 대해 제대로 보도가 안 되고 있는 상황이었다. 강형원은 한국말을 할 줄 아는 유일한 미국 주류 언론 기자로서 피해 현장을 제대로 기록해야겠다는 결심으로 미주 한인들의 곁에 머물며 폭동 피해를 실시간으로 기록했다.

폭동 첫날 저녁부터 이미 많은 피해자가 발생하고 있었다. 동료가 취재하다가 상황이 심각하다고 도움을 요청해 차를 타고 폭동 현장에 진입하니 갑자기 벽돌과 맥주병이 날아왔다. 차 문을 잠그고 중앙선을 오가며 폭도들을 피해 겨우 동료를 만나 촬영 필름을 건네받고 신문사로 돌아올 수 있었다. 그야말로 일촉즉발의 상황이었다. 이날 취재를 나갔던 사진 기자 중에는 머리를 둔기나 벽돌로 맞고, 장비를 빼앗긴 기자도 있었다. 상황이 위험하다 보니 선배와 함께 팀으로 움직였는데, 조수석에서 나와 상점을 부수고 물건을 약탈하는 폭도들을 사진으로 기록하고 있을 때, 건장한 남성이 야구 방망이를 들고 쫓아오는 바람에 급히 차에 올라타 위기를 모면하기도 했다.

이런 폭동 상황 속에서 한인 청년들은 '한인 청년단'을 결성해 엽총, 권총, 장총 등 다양한 총기와 각목을 들고 LA 한인 타운을 지켰다. 당시에 LA 한인 라디오 방송국들은 모든 프로그램을 중단하고 실시간으로 한인들의 피해 상황을 속보로 중계했는데 한인 가게가 습격받았다는 제보가 오면 한인 청년단이 가게를 보호하러 모였다. 청년단 소속이 아니더라도 총을 가진 사람들은 모두 뛰쳐나와 슈퍼마켓 배추 박스 뒤에 숨어서, 또는 지붕 위에 올라가서 스스로를 지켰다. 그래서 그때 지붕 위에 올라간 사람들을 'Rooftop Korean(지붕 위의 한국인들)'이라고 부르기도 했다.

LA 폭동의 잔혹함을 알린
결정적 장면

폭동 두 번째 날 저녁, 철야 취재를 하던 중이었다. 느닷없이 커다란 총소리가 울렸다. 놀라서 소리가 난 방향으로 가보니 한인 청년 4명이 총에 맞아 쓰러진 모습이 보였다. 한인 학생들이 도움을 요청한 가게로 가던 도중 오인 사격으로 총상을 입었는데 그중 에드워드 리, 이재성 학생이 19세의 나이로 현장에서 사망한 것이다.

충격에 휩싸인 와중 본분을 잊지 않고 사진으로 현장을 기록했다. 이 사진은 AP통신을 통해 미국 주류 언론은 물론 전 세계 모든 언론에 보도되었고, LA 폭동의 잔혹함을 알리는 대표적인 장면으로 알려졌다. 특히 보도 이후 백인 경찰에게 폭행당한 장본인인 '로드니 킹'이 이렇게 사람이 죽으면 안 되지 않겠느냐면서 "Can you all get along?(그만 좀 싸우고 다들 사이좋게 지내면 안될까?)"라고 말한 것이 폭동을 멈추는 데 큰 역할을 했다.

같은 한인 이민자로서 LA 폭동 취재를 하며 말로 다 표현할 수 없는 슬픔을 느꼈다. 그러나 포토저널리스트로서 감정적인 해석은 유보하고 철저히 객관적인 사진을 찍으려고 노력했다. 사진 한 장은 때로 화를 내고 설득하고 슬퍼하는 것보다 더 큰 메시지를 전달한다. 몰랐던 것을 알게 하고, 생각하지 못했던 것을 보고 생각하게 하기도 한다. 경찰도 손 놓고 철수한 폭동 피해를 온몸으로 막아 내는 한인들의 사진은 미국 주류 사회에 그들이 결코 잊지 못할 미주 한인들의 모습을 각인시켰으리라. 이 3일간 LA 폭동을 보도한 내용으로 함께 취재했던 동료들과 1993년 퓰리처 스폿 뉴스 부문에서 한국인으로는 첫 퓰리처상을 받았다.

1992년 4월 30일, L.A. 폭동 둘째 날, L.A. 가주마켓에서 총으로 무장한 한인 청년들이
다가오는 폭도들을 막고 있다. (사진 ⓒ 강형원 | Los Angeles Times)

L.A. 폭동 3일째, 불타는 웨스턴 6가 한인 쇼핑센터에 출동한 경찰.
(사진 © 강형원 | Los Angeles Times)

1992년 4월 29일, 폭동 첫날 저녁 자신이 운영하던 편의점에 난 불을 끄는 가게 주인.
(사진 © 강형원 | Los Angeles Times)

한국의 문화유산을
기록하는 이유

한국인의 정체성을
간직할 수 있도록

2019년 로이터 통신에서 은퇴한 강형원은 2020년부터 한국에 들어와 우리나라의 문화유산을 사진으로 기록하고 있다. 그리고 영어 문화권 사람들이 한국의 유산과 문화를 흥미롭게 알고 배울 수 있도록 한글과 영어로 칼럼을 쓴다. 사진, 한국어, 영어의 3개 언어를 이용하여 우리 문화의 찬란함을 세계에 알리고, 또 사료적인 가치가 있는 기록으로 남기는 중이다.

미국에서 47년이라는 긴 세월을 지내며 느낀 것은 세계에 한국의 역사나 문화를 제대로 아는 사람이 많지 않다는 것

청동 거울 국보 제141호 정문경 (사진 ⓒ 강형원)

이다. 한국 문화만의 아름다움, 독특함이 있는데 이것들이 영어 문화권에는 왜곡되거나 불충분한 내용으로 알려져 있다는 게 너무나 안타까웠다. 한국 밖에 있는 한국인들과 후손 세대들도 어설프게 표현된 모국의 역사와 문화를 접하며 한국의 정체성을 갖고 살기는 쉽지 않을 것이다. 자랑스러운 한국의 콘텐츠를 사진으로 남기고 영어로 기록해 보면 어떨까 생각이 들었다. 이를 통해 한국인들의 정체성을 최소한이라도 정의하는 데 보탬이 되고 싶었다. 특히 글보다도 사진으로 전해지는 이미지가 중요해진 요즘, 한 번 보면 쉽게 잊지 못할 만큼 좋은 사진을 통해 한국 문화와 유산을 기록하면 언어의 장벽 없이도 21세기의 한국을 경험할 수 있을 것이라고 생각했다.

아름다운 한국의
문화유산

첫 번째 사진은 우리나라 국보 제141호 '정문경'을 찍은 사진이다. 정문경은 2,400여 년 전 초기 철기 시대에 만들어진 청동 거울이다. 현존하는 청동 거울 중에서 가장 크고, 문양은 현대 과학으로도 재현하지 못할 만큼 치밀하고 정교하다. 사진을 통해 청동기 시대를 거친 많은 나라 중에서도 우리나라에는 이런 장인 정신이 담긴 유산들이 남아 있다는 사실을 알리려고 했다.

한국의 정체성 중 하나로 널리 알리고 싶은 또 다른 한 가지는 토종개다. 개는 인류 역사에서 인간들의 이동 경로에 빠지지 않는 동반자이다. 1만 년 전 사람들과 같이 묻힌 개 뼈의 유전체를 연구해 보니 고대에 현존했던 개 5종 중 한 종이 우리의 삽살개였다고 한다. 또 우리의 토종견 진도개도 있다.

한국인의 정체성을 드러내는 사진으로 고른 또 하나는 금동 미륵보살 반가사유상을 찍은 사진이다. 금동 미륵보살 반가사유상은 우리나라에서 가장 큰 반가사유상이다. 우리 역사상 가장 조형미가 뛰어난 걸작으로 평가받는 것은 물론, 전 세계 불교 문화 예술품 중에서도 뛰어난 작품으로 평가받는다. 특히 부처가 깨우침을 얻어 해탈의 경지에 이른 듯 부드럽고 오묘한 미소를 띠고 있는 게 인상적이다. BTS RM의 작업실에 놓인 반가사유상 미니어처가 해외에서도 큰 화제가 된 적이 있다. 영어로 쓴 칼럼이 있다면 외국인들도 반가사유상에 대해서 더 깊게 이해하지 않을까.

우리가 19세기 조선을 방문했던 외국인들이 남긴 사진으로 그 시대를 알 수 있듯이, 이후 세대들도 사진을 통해 빠르게 변화하고 발전하는 한국의 문화와 역사를 더듬어 볼 수 있지 않을까? 사진에는 한 번 보면 영원히 잊지 못할 장면이 지닌 힘이 있다. 한국 문화의 존재감을 '강렬한 첫인상'으로 각

2부—함께 만들어 가는 세상, 사회 수업

인시키는 것, 그것이 평생 미국과 대한민국의 중요한 역사적 순간을 포착한 강형원이 이제 사진으로 우리 문화 유산을 기록하는 이유다.

국보 제83호 금동 미륵보살 반가사유상 (사진 ⓒ강형원)

삽살개와 진도개 (사진 ⓒ 강형원)

일상 속의 즐거움,
문화 수업

3부

역사 기록에 천민의 삶을 기록한 자료는 많이 남아
있지 않다. 하지만 우리가 평등한 삶을 누리기까지
이름도 알려지지 않은 수많은 인물의 피와 땀이
있었다는 것만은 분명하다. 평등한 삶과 인권을 위해
발 벗고 노력했던 인물들 덕분에 우리의 역사는 차별과
억압의 시대에서 벗어나 평등한 사회로 한 발짝 나아갈
수 있었다. 천대받던 노비들, 3.1 만세 운동에 몸을
바친 기생들, 또 최초의 인권 운동을 펼친 백성들은
조선 시대 사회를 발전시키고 지금에 이르게 한 진정한
원동력이다.

세상을 움직인
낮은 곳의 사람들

심용환
역사학자

심용환

역사학자

성균관대학교 역사교육학과를 졸업하고 한양대학교
대학원 사학과에서 석사학위를 받았다. 현재
심용환역사N연구소 소장과 성공회대학교 외래
교수로 일하며 학생들을 가르치고 있다. 강연과
출판, 방송과 유튜브를 넘나드는 대표적인 역사
커뮤니케이터로서, 고리타분한 역사 수업이 아닌
생동감 넘치는 강의로 역사 속에서 지식을 발견하고
재미있는 상상을 할 수 있는 방법을 알리고 있다.
나아가 이러한 지식과 상상력으로 오늘 우리가
당면한 현실의 문제를 해결할 방법을 찾기 위해
힘쓰는 중이다. 지은 책으로는《단박에 한국사》,
《단박에 중국사》,《친절한 한국사》,《꿈꾸는 한국사》,
《1페이지 한국사 365》,《1페이지 세계사 365》.
《리더의 상상력》,《헌법의 상상력》,《우리는 누구도
처벌하지 않았다》 등이 있다.

조선 시대 속 넘을 수 없던
신분의 벽

조선의 원동력은
다름 아닌 노비

한 국가와 사회가 움직이려면 정치인과 같은 지도자가 꼭 필요하다. 하지만 실질적으로 사회의 기반을 유지하는 것은 바로 다양한 분야의 노동자들이다. 농사를 짓고 가축을 기르고, 도축하고 판매하는 등 생활 전반에 필요한 노동력을 제공하는 것은 물론이고 의사, 예술가, 엔지니어 등의 전문직도 사회를 구성하고 원활하게 유지하는 데 이바지한다.

계급 사회였던 조선 시대에 가장 천대 받는 신분은 양반, 중인, 상민, 천민 중에서도 가장 마지막 계층에 있는 천민이었다. 기생, 백정, 승려, 무당, 광대 등이 천민에 해당했는데 그중에서도 큰 비중을 차지했던 이들은 바로 '노비'다. 양반 계층은 약 5%에 불과했지만 노비는 조선 사회의 30% 정도를 차지했을 것으로 추정된다.

조선 시대의 노비들은 천한 신분이라는 이유로 역사에서 주목받지 못했지만, 알고 보면 전문적인 기술을 가지고 사회에 꼭 필요한 일을 하는 사람들이었다. 흔히 조선을 '양반의 나라'라고 하지만 결국 조선 사회를 자세히 살펴보면 이 나라를 지탱하고 움직였던 것은 성조차 부여받지 못했던 수많은 노비였던 셈이다. 조선의 진짜 역사를 들여다볼 수 있는 키워드는 바로 이 '노비'의 삶에 있다.

방자와 향단이는
서로 다른 노비였다

노비는 한자로 '奴婢'라고 쓴다. '노'는 사내종, '비'는 여종을 뜻하므로 두 글자를 합쳐 '노비'라고 부른 것이다. 이들 중에서도 궁궐이나 관아 등 국가 기관에 속한 노비는 공노비, 개인이 사적으로 부리는 노비는 사노비라고 한다.

〈춘향전〉을 보면 이몽룡이 부리는 종을 '방자'라고 부르는데, 방자는 이름이 아니라 조선 시대 지방 관아에서 심부름을 하던 사내종을 뜻한다. 주로 상전인 관리의 방을 치우거나 잔심부름을 하기 때문에 '방에 딸린 아이'라고 해서 방자라고 불렀다. 즉 방자는 관아에 딸린 공노비다. 반면 향단이는 춘향이가 개인적으로 부리는 몸종으로, 춘향이 집에 속한 사노비에 속한다. 사노비의 숫자에 따라 양반의 권세를 짐작할 수 있었는데, 당대 상위 1%의 재력을 자랑했던 신사임당의 친정에서 부리던 노비는 173명이나 됐다. 또 조선 시대를 대표하는 신하, 청렴하고 올곧은 퇴계 이황도 손자 손녀들에게 총 367명의 노비를 물려주었다고 한다. 물론 몇백 명이나 되는 노비들이 모두 한 집에 살았던 것은 아니다. 사노비는 다시 양반과 같이 살면서 수발을 들었던 '솔거노비'와 전국 각지에 흩어져 땅을 경작하고 물고기를 잡아 주인에게 매년 일정량의 공물을 바치는 '외거노비'로 나뉘었다.

노비들 중에서도 주인과 한 집에 거주하는 솔거노비의 주된 업무는 주인댁 땅 농사 짓기와 길쌈, 즉 삼베나 무명, 모시 같은 원단을 만드는 일이었다. 사내종이 논에 씨를 뿌리고 김을 매고 타작하는 동안에 여종은 실을 뽑고 물레를 돌리고 베를 짰다. 당연히 노비의 일이 그게 전부는 아니다. 밥 짓고, 빨래하고, 청소하고, 아이 돌보기까지 온갖 집안일은 당연히 노비의 몫이었다. 심지어 노비는 양반의 분신이 되어 주기도 했다. 만약 주인이 소송 사건에 휘말려서 관아에 출두할 일이 생기면 노비를 대신 보낸다. 그러면 노비는 주인 대신 옥에 갇히고 곤장도 맞았다. 집안에 초상이 나면 노비가 대신 꺼이꺼이

울어 주고, 부모님이 돌아가신 뒤 무덤가에서 3년간 '시묘살이'를 하는 것마저 노비에게 떠넘기는 경우도 있었다.

살림이 넉넉한 집에서는 딸을 시집보낼 때 '교전비'라는 일종의 전담 몸종을 딸려 보냈다. '교전비'의 뜻을 풀이하면 '가마 앞에 세우는 여종'이라는 의미다. 양반이 바깥 나들이를 한 번 하려면 가마 앞에 노비를 앞세워야 필요한 잡일도 시킬 수 있고, 무엇보다 그래야 양반의 체면이 선다고 생각했던 것이다. 그래서 영조 때 무관을 지낸 '노상추'라는 사람이 쓴 일기를 보면 양반은 어딜 가든 꼭 노비를 데리고 다녔고, 노비와 함께 다니지 않는 양반들을 보면 '아이고, 저 사람은 왜 노비도 없이 혼자 다니나'라며 동정할 정도였다고 한다.

노비의 일 중에는 현대인의 관점에서 보면 다소 황당한 역할도 있다. 조선 시대의 토지 매매 문서를 보면 구체적인 땅의 위치는 물론이고 땅을 파는 이유가 세세히 적혀 있다. 거기에 매매 거래를 하는 양쪽의 이름을 적고, 일종의 도장 삼아서 손을 대고 손 그림을 그려 계약을 마무리한다. 그런데 이 중요한 계약서를 자세히 들여다보면 놀라운 사실을 알 수 있다. 예를 들어 1876년 거래된 덕풍리 토지 매매 문서를 보면 매도자, 즉 땅을 파는 사람은 박생원 댁 '삼만이', 땅을 사는 사람은 안병사 댁 '백중이', 이 매매의 증인을 서는 사람은 윤생원 댁 '완이', 이 매매 문서를 작성한 사람은 임생원 댁 '순득이'다. 계약서에 적힌 이름이 양반이 아니라 모조리 노비 이름인 것이다. 양반들이 자기 이름이 매매 문서에 적히는 것을 기피해서 땅을 사고파는 것조차 노비를 시켰기 때문이다.

이름으로 각인시킨
노비라는 낙인

　일에 지친 현대인은 가끔 '우리는 회사의 노비야'라는 농담을 한다. 하지만 현대인과 노비에게는 결정적인 차이점이 하나 있다. 조선 시대의 노비는 사람이 아니라 물건이나 재산으로 취급받았다는 점이다. 따라서 사고팔 수도 있고, 자식에게 물려줄 수도 있으며, 저당을 잡히거나 빌려줄 수도 있었다.

　〈태조실록〉을 보면 당시 노비에게 얼마의 값을 매겼는지 짐작할 수 있다. 조선에서는 옷을 만드는 원단 중 하나인 '삼베'를 화폐 단위로 사용했는데, 당시 노비 1명당 값이 삼베 150필이었다고 한다. 말 한 마리의 값이 4~500필이었으니 말보다 노비의 값이 더 저렴했던 것이다. 이후 태조 이성계가 '15세 이상 50세 이하의 노비는 삼베 400필, 14세 이하와 51세 이상의 노비는 삼베 300필로 하라'고 노비의 값을 직접 조정하기도 했다.

　말보다 사람의 값이 더 저렴했을 정도로 노비가 사람 취급을 받지 못했다는 사실은 그들의 이름에서도 알 수 있다. 조선 시대를 배경으로 한 드라마나 문학 작품을 보면 노비를 '개똥이' 같은 성의 없는 이름으로 부르는데, 이는 실제 역사에 기반한 사실이다. 우리나라 사람이라면 누구나 성씨와 본관을 가지지만 조선 초까지만 해도 '성씨'는 왕족이나 양반의 전유물이었다. 나머지는 성씨 없이 이름만 가지고 있었다는 뜻이다. 이때 노비의 이름은 부모가 지어 주기도 했지만 주인이 붙여 주는 경우도 많았다. 운이 좋으면 태어난 달을 따서 '삼월이', '사월이' 같은 무난한 이름으로 불렸지만 보통은 그렇지 못했다.

영조 때 살았던 '김경련'이라는 양반이 자기 집 식솔들의 이름을 쭉 나열한 호구 단자가 있는데, 이를 살펴보면 노비들에게 '작은년, 쪼깐이, 개똥, 방귀, 똥싼, 말똥, 물똥, 망나니' 같은 이름을 붙여 주었다는 웃지 못할 사실을 알 수 있다. 이외에도 '소석기(소새끼)', '개부리(개불알)', 심지어 얼굴이 못생겼다고 '얼금이', 입이 가볍다고 '촉새년', 정말 대충 지은 '거시기' 같은 이름도 있었다.

우리에게 익숙한 '마당쇠'도 노비에게 붙인 이름 중 하나인데, 이는 노비들이 하는 일을 가리킨다. 마당을 쓸고 정리하면 '마당쇠', 소를 키우면 '쇠담사리', 물을 길어오면 '물담사리', 뒷간을 청소하면 '똥삼사리' 같은 식이다. 이런 노비들의 이름은 열등한 신분을 나타내는 일종의 낙인이나 마찬가지였다. 애초에 저항 의식을 갖지 못하도록, 노비들의 이름에서부터 지배 계층인 양반과는 다른 존재라는 인식을 심은 것이다.

누가 노비가
되었을까?

드라마 〈추노〉를 보면 병자호란에서 활약한 대장군이었던 양반 출신 '송태하'가 군량미를 빼돌렸다는 누명을 쓰고 노비가 된다. 실제로 조선에서는 노비 출신이 아니더라도 범죄자를 잡아들여 노비로 삼기도 했다. 특히 역모 같은 대역죄를 저질렀다면 아무리 신분이 높아도 그 식솔들까지 모조리 노비가 되는 걸 피할 수 없었다. 한 예로 세조가 조카인 단종을 강제로 끌어내리고 왕위에 올랐을 때, 이를 옳지 않은 일이라고 여긴 6명의 신하들이 단종을 다시 복위시키려다가 발각된 사건이 있었다. 분노한 세조는 단종을 강화도로 유배 보내고, 단종의 아내였던 정순왕후는 노비로 만들어 버린다. 하루아침에 조선의 국모에서 노비 신세로 전락한 것이다. 그 외에도 생활고에 시달리던 부모가 자기 아이를 노비로 팔거나, 빚을 갚지 못해 스스로 노비가 되기도 했다.

그 외 대부분의 노비는 부모의 노비 신분을 물려받은 경우였다. 조선 시대의 법전 《경국대전》을 보면, '일천즉천'이라고 해서 부모 중 한쪽이 노비면 자식도 노비가 된다고 명시되어 있다. 또 '종모법'이라고 해서, 노비와 노비 사이에 태어난 아이는 어머니를 따라가는 법도 있었다. 주인의 입장에서는 여종이 결혼해서 아이를 낳으면 그 아이도 노비가 되니 재산 이 불어나는 것이다. 그래서 여종의 값은 사내종보다 비싸게 쳐 주었고, 심지어 임신한 여종을 팔 때는 뱃속의 태아까지도 값을 쳐서 받았다. 그러다 보니 노비들은 결혼도 마음대로 할 수 없었다. 특히 사내종들은 머리가 하얗게 셀 때까지 혼자 사 는 경우도 많았는데, 다른 집 여종과 아이를 낳아도 아이는 그 집 노비가 되니 사내종의 주인 입장에서는 서둘러 결혼을 성 사시킬 이유가 없었던 것이다. 남 좋은 일 시켜 주지 않으려고 차일피일 결혼을 미루다가 결국 사내종만 나이가 드는 일도 허다했다.

드라마 〈추노〉에서처럼 도망간 노비를 잡는 전문 추노꾼 이 있었는지는 알 수 없지만, 실제로 도망을 가는 노비들도 많 았다. 세조 시절 재상이었던 한명회가 "공노비, 사노비 통틀 어서 도망간 놈이 100만 명이다"라고 말한 것이 《조선왕조실 록》에 기록되어 있을 정도다. 국가 차원에서 도망간 노비를 잡는 '노비추쇄도감'이라는 관청도 있었다. 상시 운영되는 것 은 아니고 도망 노비가 특히 늘어날 때마다 잠깐씩 운영하는 임시 기관이었다. 다만 노비추쇄도감의 운영이 원활하지는 않 았다. 나라에서 전국의 고을 수령에게 자기 관할에 있는 도망 노비의 숫자를 파악하여 보고하게 했는데, 수령들이 실적을 올리려고 죽은 노비의 이름을 올리기도 하고 뇌물을 받고 도망 노비를 봐주는 등 비리가 많았기 때문이다.

한편 나라에서 운영하는 기관 외에 개인이 사사롭게 도망 노비를 추적하는 일은 원칙적으로 불법이었다. 그럼에도 양반들은 부리던 노비가 도망가면 죽기 살기로 그 뒤를 쫓는 경우가 많았다. 당연히 노비가 재산이기 때문이기도 하고, 노비가 없으면 일상생활에 불편함이 많았기 때문이다. 노비 없이는 외출도 못하고, 식량이 떨어져도 심부름 보낼 노비가 없어서 굶는 경우도 있었으니 도망간 노비는 무조건 다시 잡아오거나 최소한 몸값이라도 받아 내려고 하기 마련이었다.

우리가 잘 아는 판소리 〈흥보가〉에도 이와 관련된 내용이 나온다. 부자로 떵떵거리며 살던 놀부가 왜 거지가 되었을까? 바로 놀부가 도망 노비의 아들이라는 사실을 들켰기 때문이다. 〈흥보가〉의 원작인 〈신재효본〉을 읽어 보면, 놀부가 흥부처럼 복을 얻으려고 커다란 박을 타는데 펑! 소리가 나면서 웬 남자가 나타나 대뜸 호통을 친다. "이놈, 놀부야! 네 부모가 우리 집 노비로 있다가 도망가서 내가 몇 년간 네 뒤를 쫓았다. 이제 찾아냈으니 얼른 돌아와서 내 노비로 일해라!" 결국 놀부는 노비가 되지 않으려고 가진 돈을 탈탈 털어 옛 주인에게 바치고는 땡전 한 푼 없는 거지 신세가 된다. 그래도 놀부는 운이 좋은 케이스라고 할 수 있다. 실제로 도망가다가 잡힌 노비들은 주인의 집에 끌려와 큰 벌을 받았으니 말이다.

1강—세상을 움직인 낮은 곳의 사람들

개천에서 용 난
전문직 노비들

노비 신분이었던
조선 시대 의녀

조선 시대의 노비들이 모두 주인의 그늘 아래에서 고생하고 핍박받으며 살았던 것은 아니다. 어떤 노비들은 전문적인 기술을 바탕으로 사람들의 존경과 사랑을 받으며 역사에 당당히 이름을 남기기도 했다. 대표적인 사람이 세종 때 측우기, 자격루, 앙부일구를 만든 기술자 '장영실'이다. 장영실은 동래현 관청에서 일하던 공노비였는데, 손재주가 좋다는 소문이 세종의 귀에 들어가 궁궐에서 왕의 신임을 받은 것이다. 드라마 〈대장금〉으로 유명한 주인공 '서장금'도 역사 속 실존 인물이다. 드라마에서는 수라간 궁녀로 나왔지만 실제로는 임금을 돌보는 의녀였는데, 의녀는 사실 궁중에 소속된 공노비 신분이다. 그래서 장금이의 실제 이름도 '서장금'이 아니라 성씨가 없는 그냥 '장금'이다.

조선 시대 의녀의 탄생은 태종 이방원 시절로 거슬러 올라간다. 당시에는 남녀의 구별이 엄격하다 보니 여자들은 몸이 아파도 의사에게 몸을 보이기를 꺼려해 끙끙 앓다가 죽는 일이 많았다. 그래서 태종은 이 문제를 해결하기 위해 전국의 관비들 중 똑똑한 여자아이 10명을 뽑아 의술을 가르치게 한다. 일종의 '서울 국비 유학' 시스템이었던 셈이다. 그래서 의녀는 노비 신분이면서도 많은 공부를 했다. 3년간은 '초학의'라고 해서 천자문이며 유교 경전을 읽고, 의술을 익히고 심지어 수학까지 배웠다. 그리고 매년 시험을 치르게 되는데 3년 연속 시험을 통과하지 못하면 다시 관비가 된다. 시험을 통과하고 나면 의원을 보조하는 '간병의'가 되고, 그중 뛰어난 의술을 보이는 의녀는 드디어 왕과 왕족의 건강을 돌보는 '내의녀'가 될 수 있었다.

의녀의 역할은 현대의 의사처럼 병을 진찰하고 약을 쓰는 게 전부가 아니었다. 전문성을 가진 여성이라는 특수성 덕분에 아주 독특한 임무를 맡게 될 때도 있었는데, 바로 조선판 여자 수사관이다. 〈세종실록〉을 보면 이를 짐작할 수 있는 재미있는 기록이 나온다. "학교에 입학한 종친들이 부인이나 어머니의 병을 핑계로 결석하는 일이 잦으니 의녀를 보내 그 병이 진짜인지 판단해야 할 것입니다." 즉 의녀는 종친들의 꾀병을 조사하는 임무를 맡기도 했던 것이다. 이 뿐만 아니라 궁녀나 후궁, 심지어 어린 왕자들이 죄를 지었을 때 체포하는 것도 의녀의 일이었다. 여자들이 범죄를 저질렀을 때 몸을 수색하고, 옥에 갇힌 궁녀에게 음식을 가져다 주고 건강 상태를 확인했으며 때에 따라서는 사망 원인을 추정하는 법의학자 역할도 했다.

이처럼 의녀들은 단순한 보조 의료인이 아니라 전문 지식과 기술을 갖춘 어엿한 여성 의사였다. 하지만 노비 출신이라는 점 때문에 궁중에서는 차별을 받았다. 특히 중종의 이복형이자 선대 왕인 연산군은 의녀를 '글 좀 읽을 줄 아는 영리한 기녀' 정도로 취급하여 궁궐에서 연회를 열 때마다 의녀에게 기생복을 입혀 술을 따르고 음악을 연주하게 하기도 했다. 그러니 사대부들도 덩달아 의녀를 술자리에 부르기 시작했다. 연산군을 내쫓고 왕이 된 중종이 이런 폐단을 금지하긴 했지만, 세간에서는 의녀를 두고 '약방 기생'이라며 낮춰 불렀다.

의녀 장금과
중종의 우정

　장금이라는 이름이 실록에 처음 등장하는 건 중종 10년 때의 일이다. 의녀에 대한 차별적인 시선과 사회 분위기에도 불구하고 장금이는 뛰어난 의술 하나로 중종의 총애를 받았다고 알려진다. 이때 장금은 중종의 아내인 장경왕후의 출산과 대왕대비의 진료를 맡았던 것으로 보아 이미 최고의 의녀 자리에 올랐던 듯하다.

　그런데 이 시기에 조정에서 아주 큰 사건이 터진다. 장경왕후가 아들을 출산한 지 일주일 만에 세상을 떠났는데, 이때 약을 쓴 사람이 다름아닌 장금이였던 것이다. 당연히 조정의 신하들은 장금이를 탄핵하라고 난리가 났다. 하지만 중종은 오히려 '출산을 도운 장금이에게 상을 줬으면 줬지 벌을 줄 수는 없다'면서 신하들의 주장을 단번에 묵살해 버렸다. 중종은 자신의 몸이 아플 때도 매번 장금이의 진찰을 받은 것으로 추측되는데, 병에 차도가 있으면 확실하게 상을 내려 주었다. 중종 때 내의원 총책임자인 홍언필은 "의녀의 진맥이 어찌 의원의 진찰만 하겠습니까. 천박한 의녀의 식견보다 의원들의 진맥을 받으소서!"라며 아주 노골적으로 장금이를 향한 불만을 표시하기도 했다.

　그럼에도 중종은 장금이를 내치기는커녕 임종 직전까지

도 장금이를 신임하며 곁에 두었다. 1544년, 오랫동안 종기로 고생하다 몸져누운 중종은 왕자와 형제를 제외하고는 누구도 곁에 오지 못하게 하라고 명한다. 그러니 내의원 총책임자인 홍언필은 물론이고 내관들도 중종의 상태를 직접 보지 못했다. 답답해진 의관들이 중종을 찾아가 상태를 물었지만 중종은 이렇게 답한다. "내 증세는 여의가 안다."

실록을 보면 중종을 간병하던 장금이가 문밖을 향해 '상의 증후가 위급하다', 즉 임금이 승하할 것 같다는 말을 남겼다는 기록이 나온다. 중종이 세상을 떠나는 순간까지도 장금이가 의녀로서 곁에 있었던 것이다.

노비 정학수,
양반을 가르치다

노비이자 천민 신분인 장금이가 왕을 진찰하는 의녀였다면, 조선 최고의 일타강사로서 양반들의 스승이 되었던 노비도 있다. 성균관 입학을 원하는 학생을 가르치는 서당의 훈장님이었던 노비 '정학수'다.

조선 왕조 500년간 인재로 등용되어 성공하기 위해서는 성균관을 거쳐 과거에 급제하는 것이 거의 유일한 길이었다. 하지만 성균관에 들어갈 수 있는 유생의 수는 1년에 단 200명에 불과했고, 그것도 3년에 한 번 치르는 '생원시'와 '진사시'에 합격해야 겨우 입학 자격을 얻을 수 있었다. 즉 성균관은 전국에서 모인 조선 최고의 인재들, 조선의 미래를 짊어질 학생들이 모인 곳이었다.

그런데 18세기 후반 정조 시절, 이 성균관이 있는 동네에 거대한 서당이 들어선다. 그때까지 보통의 서당은 방 한 칸에서 네 칸 정도의 규모로 많아야 40명 정도의 학생을 두었는데, 이 서당에 들어오려고 모인 학생의 수는 무려 100여 명이나 됐다. 학생이 워낙 많으니 방이 아니라 강당에서 수업을 하고, 수업의 시작과 끝을 알리기 위해 종을 쳐야 할 정도였다. 정학수는 바로 이 서당의 훈장님으로서 학생들을 가르쳤을 뿐만 아니라 윤기, 신광하, 심노숭 같은 당대 이름난 사대부들이 직접 찾아와 '정 선생'이라 부르며 시를 짓고 놀다 가기도 했다. 대체 어떻게 노비가 양반을 가르치게 되었을까?

정학수가 살던 동네에 그 힌트가 있다. 그 동네 이름은 '반촌(泮村)'으로, 지금의 종로구 명륜동 성균관대학교 앞 일대다. 이 반촌은 상당히 특수한 지역이었다. 사실 성균관은 고려 시대에 생긴 학교로, 조선 건국 이후 개경에 있던 성균관이 한양으로 내려왔다. 이때 성균관에서 일하던 노비들도 고스란히 옮겨 왔다. 노비들은 성균관 앞에 모여 살면서 성균관으로 출퇴근하며 유생들의 밥을 짓고, 기숙사를 청소하고, 수업 시작을 알리는 종을 치는 등 온갖 자질구레한 일을 도맡았다. 이

1강—세상을 움직인 낮은 곳의 사람들

노비들이 만든 동네가 바로 반촌이다.

당시 정학수를 비롯하여 반촌에 사는 성균관 노비들을 '반인'이라고 불렀다. 정학수가 원래 하던 주된 일은 성균관 청소와 제사 준비였다. 성균관 옆에 공자의 위패를 모신 '문묘'가 있어 성균관 유생들은 매달 1일에 문묘에서 제사를 지냈는데, 정학수는 이 제사 준비를 거드는 등 잡일을 하는 노비였다.

노비 신분이었던 정학수가 어떻게 서당을 열고 양반을 가르치게 되었는지 또렷한 기록은 없다. 다만 추측하자면 조선 시대의 서당은 의외로 신분에 관계없이 누구나 열 수가 있었다. 성균관에서 일하면서 자연스럽게 글을 읽고 쓰게 된 정학수가 친분이 있던 유생들의 권유로 서당을 연 것이 아닐까? 당시 성균관 유생들과 반인들은 유대 관계가 깊을 수밖에 없었다. 반인 입장에서는 반촌을 벗어나는 것이 금지되어 있어 만날 수 있는 사람이 유생뿐이었고, 유생 입장에서도 성균관 밖으로 나오면 바로 반촌이었으니 반인들이 친숙했다. 기숙사에 자리가 없으면 반촌에서 하숙도 하고, 반촌에 자리를 깔고 앉아 술도 마셨다. 지금으로 치면 반촌이 대학가와 같은 역할을 한 것이다. 우리가 잘 아는 정약용도 성균관 유생 시절 반촌을 아지트 삼아 들락날락거렸는데, 여기서 친구들과 천주교 서적을 공부하다가 들켜 집을 빌려준 노비가 정약용 대신 끌려가는 사건도 있었을 정도다.

기록에 의하면 정학수의 서당은 조선의 대표 성리학자 우암 성시열의 집터에 세워졌다고 한다. 이후 1925년 이 자리에 보성고등학교가 들어섰다가, 보성고가 이전한 뒤 1987년에는 서울과학고등학교가 개교했다. 정학수의 서당 시절부터 대대로 명문 학교 자리였던 셈이다.

정육점을 운영했던
성균관 노비들

성균관 일대에 반촌을 이루며 살던 노비들은 기본적으로 노비이기 때문에 급여를 따로 받지 않는다. 반촌 밖으로 나갈 수 없으니 농사를 짓기도 어려웠다. 그렇다면 어떻게 생계를 유지할 수 있었을까? 그 방법은 바로 '정육점 운영'이었다.

조선 시대에는 백정 이외의 누군가가 가축을 도살하는 것은 불법이었다. 특히 소는 농사에 매우 중요했기 때문에 함부로 소를 잡다가 걸리면 바로 노비가 되는 운명에 처해졌다. 하지만 반인들은 성균관 유생들의 식사를 책임져야 했기 때문에, 조정에서는 반인들에게 파격적인 혜택을 제공한다. 반촌 안에 도살장을 두고 반인들에게 '소를 잡을 권리'를 부여했던 것이다. 그리고 정육점을 열어 남은 고기나 부속물을 내다 팔 수 있도록 허락했다. 덕분에 반인들은 정육점을 운영하여 꽤 큰 돈을 벌 수 있었다. 대신 여기 조건이 하나 붙었다. 조정에서 소를 잡을 권리를 허락하면서 동시에 '소를 죽이지 말라는 법'을 어기고 소를 죽인 죄'를 물어 벌금, 즉 '속전'을 내게 했던 것이다. 여기에는 나름의 속사정이 있다. 당시 성균관의 모든 학비는 무료였다. 성균관에 입학한 유생들은 식비는 물론이고 기숙사비, 학용품비도 무료로 누릴 수 있었다. 성균관에서는 원래 자신들이 소유한 땅에 농사를 지어 유생들의 학비를 지원했지만, 조선 후기에는 반인들에게 속전을 받아 자금을 충원했다.

조선 왕조 500년 동안 최고의 엘리트를 키워 낸 건 성균관 옆에 살면서 인력은 물론, 운영 자금까지 제공한 반인들이었다고도 볼 수 있다. 아이러니하게도 반인들은 성균관과 가장 가까이에서 살면서도 정식 교육의 기회를 얻지는 못했다. 그 한 때문인지 이후 반인들은 노비 신분에서 해방되고 난 뒤인 1910년, 기금을 모아 '숭정의숙'이라는 학교를 지었다. 그게 바로 지금의 혜화초등학교다.

천민,
신분의 굴레를 벗어 던지다

무너지기 시작한
조선의 신분제

　조선 후기 임진왜란과 병자호란을 거치며 조선 사회는 큰
혼란에 빠졌다. 하지만 이러한 사회적 혼란은 노비들 입장에
서는 '신분 상승'을 꿈꿀 수 있는 새로운 기회이기도 했다.

　조선 시대 광화문 한복판에는 '장예원'이라는 핵심 관청
이 있었다. 노비 장부를 관리하고, 노비 관련 소송을 담당했던
곳이다. 당연히 그 안에는 '노비 문서'가 가득 쌓여 있었는데,
임진왜란 당시 선조가 도망친 후에 장예원에 화재가 발생한
다. 그 많던 노비 문서는 모두 불타 사라졌다. 장예원에 불을
낸 범인이 노비인지, 혹은 왜군의 소행인지는 확실히 밝혀지

지 않았다. 하지만 중요한 건 바로 이 화재 사건이 노비 해방의 활시위를 당겼다는 사실이다.

조선 정부는 전쟁으로 인해 어려워진 나라의 재정을 메꾸기 위해 '공명첩'이라는 것을 내놓는다. 공명첩은 '이름이 비어 있는 문서'라는 뜻으로. 한마디로 받는 사람의 이름이 쓰여 있지 않은 백지 임명장 같은 것이었다. 돈을 주고 관직을 살 수 있었다는 뜻이다. 이 공명첩 중에서는 천인이 양인으로 신분을 바꿀 수 있도록 하는 '면천첩'이라는 것도 있었는데, 부유한 노비라면 누구나 돈을 내고 사서 노비 신분에서 벗어날 수 있었다. 덕분에 조선 후기에는 대구에서만 양반의 비율이 무려 70%에 달할 정도로 높아지게 된다. 그렇게 조선의 신분 제도가 힘을 잃기 시작하면서 마침내 1894년, 갑오개혁이 일어나고 전통적인 신분제 폐지와 함께 '노비 해방'이 허용되었다.

다만 신분제가 폐지되었다고 해서 한순간에 노비에 대한 차별이 사라진 것은 아니었다. 대전시립박물관에서는 1896년에 쓰여진 문서 한 장을 보관하고 있는데, 이를 보면 박종숙이라는 사내가 본인, 아내, 첩, 아들 둘을 모조리 노비로 내놓겠다고 하는 내용이 있다. 갑오개혁 이후로도 실질적으로는 여전히 공공연하게 신분제가 유지되고 있었던 것이다. 당시 노비들의 입장에서도 신분 해방이 마냥 기쁜 일만은 아니었다. 대대손손 노비로 살며 이미 누군가의 수족으로 지내는 삶이 익숙한 상황에서 한순간에 해방이 됐다고 한들 살길이 막막한 경우도 적지 않았다. 그러다 보니 해방이 되어도 주인을 떠나지 않는 노비도 있었고, 혹은 박종숙처럼 스스로 노비를 자처하는 사람도 있었다.

결국 법적으로 신분제가 사라졌다고 해도 조선 역사 500여 년 동안 뿌리내린 관습과 의식까지 단번에 바뀔 수는 없었다. 노비뿐만 아니라 기생이나 백정 등 다른 천민들도 상황은 마찬가지였다. 표면적으로는 신분에서 벗어났지만 '천민 출신'이라는 차별은 꼬리표처럼 계속해서 따라 붙었다.

천민 중의 천민, 백정

천민 중에서도 특히 더 천대받고 멸시받은 이들은 바로 백정이다. 백정은 보통 가축을 잡고 파는 일을 하는 사람들로 알려져 있는데, 그 안에서도 구체적인 업종이 나뉘었다. 가축의 뼈와 살을 발라 내는 일을 하면 '거골장', 가죽을 제거하는 일을 하는 백정은 '거모장', 그 가죽으로 물건을 만드는 사람들은 '갓바치'라고 불렀다. 또 도축업에만 종사하는 것이 아니라 나뭇가지로 바구니를 만드는 일을 하는 '고리 백정', 칼로 죄인들의 목을 치는 '망나니'도 백정에 속했다.

같은 천민이라고 해도 백정에 대한 차별의 강도는 상당히 심각했다. 일단 겉모습부터 백정이라는 티가 나야 했다. 갓, 비단옷, 도포를 입는 건 당연히 상상도 할 수 없었고 일놈 '상놈갓'이라고 불리는 패랭이를 써야 했다. 결혼을 해도 상투를 틀지 못했다. 게다가 백정은 마을 밖에 거주하면서 절대 마을 안으로 들어올 수 없었으며, 어쩔 수 없이 들어올 때에는 다른 사람과 눈이 마주쳐서는 안 됐다. 할아버지 백정이 한참 어린 아이에게 90도로 허리 숙여 인사하는 경우도 있었고, 말을 할 때도 무릎을 꿇고 상대가 허락할 때까지 기다려야 했다. 돈이 있어도 기와집에는 살 수 없었으며 죽을 때 상여조차 쓸 수 없었다.

백정을 유독 무시하고 천대했던 이유는 가축을 잡는 일 자체를 천하게 여겼기 때문이라고 보지만 또 다른 가설도 있다. 고려 시대, 원나라가 멸망한 후 칼을 잘 쓰던 난민들이 귀화하여 도축업에 종사했는데, 그렇게 흘러든 '북방 이주민'들이 고려인과 어울리지 못하고 계속해서 백정으로 살게 되었다는 설이다.

백정 출신으로 의사가 된
박서양

　노비 출신의 의녀 장금이나 훈장 정학수 같은 인물이 있듯이, 차별을 딛고 놀라운 인간 승리를 보여 준 백정도 있다. 다름 아닌 우리나라 최초의 외과 의사인 '박서양'이다. 그의 아버지는 백정이었다. 천한 백정의 아들이 어떻게 무려 의사 교육, 그것도 서양식 교육을 받을 수 있었던 걸까?

　1892년, 피맛골이라고 불리는 골목에 고기를 대던 '박가'라는 백정에게 어린 아들이 하나 있었다. 박가는 아들에게 제대로 된 교육을 시키고 싶었지만, 백정이었기에 자식을 학교에 보낼 자유조차 없었다. 그런데 그 무렵, 미국에서 온 '사무엘 무어'라는 선교사가 무료 학당을 열었다는 소문이 돌기 시작한다. 심지어 이 학당에서는 고아도, 가난한 집 아이들도 다 받아 준다는 소문이었다. 박가는 백정의 아들도 교육을 받을 수 있는 이 기회를 놓치지 않고 얼른 아들을 학당에 보냈다.

　어느 날, 박가가 심각한 '콜레라'에 걸린다. 박가의 아들이 백방으로 뛰어다녔지만 백정의 목숨에 신경 쓰는 사람은 아무도 없었다. 아들은 결국 지푸라기라도 잡는 심정으로 무어 선교사를 찾아갔고, 다행히 그의 도움으로 박가는 '에비슨'이라는 서양 의사에게 치료를 받을 수 있었다. 에비슨은 최초의 근대 의학 병원이었던 '제중원'의 원장이자 고종의 주치의

이기도 했다. 그는 다들 꺼리는 백정 마을로 여러 차례 찾아와 박가를 무사히 치료해 주었다. 건강을 되찾은 박가는 자신을 도와준 무어 선교사가 있는 교회에 나가서 백정 신분 최초로 세례까지 받게 된다. 그리고 '봄을 맞아 새사람이 되었다'라는 뜻으로 '성춘'이라는 이름을 얻었고, 박가의 아들 또한 '상서로운 태양이 돼라'는 의미에서 이때 '서양'이라는 이름을 받았다. 여태 사람 취급도 못 받던 백정 부자에게 드디어 이름이 생긴 것이다.

하지만 백정에 대한 차별은 여전히 심각했다. 백정 출신인 박성춘이 교회에 나오기 시작하자 양반 신도들은 '백정과 함께 예배를 볼 수는 없다'면서 교회 출석을 거부했고, 어떤 신도들은 '박성춘을 다른 교회로 보내라'는 요구를 하기도 했다. 물론 무어 선교사는 이들의 요청을 받아 주지 않았는데, 그러자 화가 난 양반 교인들은 다른 교회로 떠나 버렸다. 대신 백정과 천민 출신 교인들이 찾아오며 이 교회에는 '백정 교회'라는 웃지 못할 별명이 생기기도 했다. 이 교회는 이후 3.1 운동 때 학생들의 집결지 역할을 하며 중요한 역사적 장소로 기억되었는데, 바로 지금까지도 인사동에 자리하고 있는 '승동 교회'다.

백정에 대한 세상의 시선이 차가웠으나, 아들에게 인간다운 삶을 살게 해 주고 싶었던 박성춘은 자신을 살려 준 제중원 원장 에비슨을 찾아가 간절히 부탁한다. '제발 아들을 병원에 데려가 인간으로 만들어 달라'는 것이었다. 덕분에 아들 박서양은 제중원 의학교에 들어간다. 물론 처음부터 의술을 배울 수 있었던 것은 아니었다. 침대 정리, 바닥 청소 같은 각종 허드렛일부터 시작한 끝에 정식으로 의학교 학생이 되었고, 10년 만에 1회 졸업생 7명 중 한 사람으로 이름을 올렸다.

그렇게 백정의 아들인 박서양은 마침내 우리나라 최초의 서양 의사 면허 소지자 중 한 사람이 되었다. 그는 이후 세브란스 의학 전문학교에서 교수로 활약하며 고종 황제의 진료를 보기도 했다. 아무리 특출난 재능을 가지고 있어도 신분이 천하다는 이유로 능력을 펼칠 수 없었던 시절, 편견과 차별 속에서 간절하게 능력을 꽃피운 훌륭한 인재였다.

백정 시절을 뒤로하고 외과 의사가 되어 승승장구할 것 같았던 박서양은 1917년, 돌연 안정적인 삶을 뒤로하고 간도로 떠난다. 그리고 그곳에서 '구세의원'이라는 병원과 '숭신소학교'라는 학교를 세워, 일제 탄압을 피해 이주한 동포들을 위해 무료 진료도 하고 조선어를 가르쳤다. 또 독립 운동 단체인 '대한국민회'에서 군의관으로 활약하며 독립군을 돕기도 했다. 비록 차별 속에 살았지만 조선인으로서 교육과 독립 운동 지원을 위해 최선을 다한 인물이다.

만세 운동에 앞장선
기생들

나라를 위해 나선 천민은 박서양만이 아니었다. 1919년 3.1 만세 운동 당시, 조선의 백성들은 신분과 계층을 막론하고 일제와 맞섰다. 이때 3.1 운동에 발벗고 나선 사람들 중 또 다른 천민인 기생이 있었다. 기생들의 만세 운동은 진주에서 시작되었다. 1919년 3월 19일, 진주 기생 50여 명이 '우리가 죽어 나라의 독립을 이룰 수 있다면 죽어도 한이 없다'며 태극기를 앞세워 촉석루를 향해 행진했다. 논개가 임진왜란 때 일본 장수를 유인하여 함께 강물에 뛰어든 곳이 바로 이 촉석루다.

진주 기생들의 이야기가 전해지자 수원에서는 기생 '김향화'가 33명의 기생들을 불러 모아 만세 운동을 준비했다. 예정된 일자는 3월 29일, 이날은 기생들이 단체로 병원에 가기로 예정된 날이었다. 표면적으로는 건강 검진이 이유였지만 사실이는 성병 검사를 위해서였다.

원래 조선에서는 '관기'라고 하여 나라에서 기생을 공식적으로 관리했다. 기생들은 시나 가무, 붓글씨, 판소리 같은 예술을 전문적으로 배우는 '종합 예술인'에 가까운 존재들이었다. 그런데 갑오개혁 이후 관기 제도가 폐지되면서 기생이 갈 곳이 없어졌고, 일제에서는 기생을 성 접대부인 '창기'로 취급하려고 들었다. 그래서 '기생단속령'을 공표해 기생을 통제하고, 정기적으로 성병 검사를 받도록 했던 것이다. 교양 있는 지식인이자 예술인이었던 기생들의 자존심이 처참하게 찢겨졌다는 사실은 말할 것도 없다.

그렇게 모인 33명의 수원 기생들은 성병 검사를 받으러 가는 날, 병원에 가는 척하다가 경찰서 앞에서 걸음을 멈추었다. 일본 순사들이 가득한 경찰서 앞에서 김향화는 제일 먼저 치마폭에 숨겨둔 태극기를 꺼내 '대한 독립 만세'를 부르짖기 시작했고, 기생들도 뒤이어 만세를 외쳤다. 일본 순사들이 즉시 총칼을 들고 기생들을 위협했지만 기생들은 굴하지 않고 목이 터져라 만세를 외쳤고 이내 지켜보던 주변 사람들까지 만세 운동에 동참했다.

이렇게 진주에서 시작된 기생들의 만세 운동은 수원뿐 아니라 황해 해주, 경남 통영 등 전국으로 퍼져 나갔다. 조선 사회에서 그토록 차별받던 천민 계층들조차 스스로 조선 사회의 일원으로서 조선 해방을 위해 독립 투사로 활약하며 발 벗고 나섰던 것이다.

천민,
마침내 완전히 해방되다

우리는 3.1 만세 운동을 '일제에 저항한 민족 운동'으로만 기억하지만 사실 3.1 만세 운동에는 또 다른 중요한 의미가 있다. 신분 계층을 불문하고 3.1 운동에 힘을 보태며 천민들 역시 비로소 '조선의 주인은 나'라는 의식을 가졌고, 처음으로 역사의 주체로 떠오르게 되었다는 점이다. 그렇게 3.1 만세 운동은 1923년 백정들이 주축이 되어 펼쳐진 우리나라 최초의 인권 운동, '형평 운동'의 시발점이 되었다.

형평의 '형(衡)'은 백정들이 고기 무게를 잴 때 썼던 양팔 저울을, '평(平)'은 평등함을 뜻한다. 즉 백정들도 저울처럼 평등한 삶을 살 수 있도록 해 달라는 것이다. 백정들의 형평 운동이 시작된 곳도 진주였다. 당시 진주에서는 소를 사고파는 우시장이 발달해 도축업도 같이 성장했고, 자연스럽게 도축업 종사자인 백정들도 재물을 모을 수 있었기에 경제력을 갖춘 백정이 많았다. 그러나 아무리 돈이 많아도 백정이라는 이유로 차별을 받아야 하는 것은 여전했다. 일제는 백정의 호적에 '짐승을 죽이는 놈'이라는 뜻의 '도한'을 적거나 붉은 점을 찍어 신분을 표시했고, 이들은 일반인과도 함께 살 수 없어 진주성 바깥에 모여 살아야 했다.

그러던 중 '이학찬'이라는 백정이 형평 운동의 불씨를 당기게 된다. 아이들이 학교 갈 나이가 되었는데도 백정 출신이라는 이유로 받아 주는 학교가 없자, 울분에 찬 이학찬은 주변의 지식인들과 백정들에게 힘을 모으자고 호소했다. 놀랍게도 이 호소에 응답한 사람은 남 부러울 것 없는 양반 출신의 '강상호'다. 강상호는 천석꾼 집안 출신인데다 아버지가 정3품 관직까지 지낸 양반 집안이었는데도 기꺼이 이 형평 운동에 참여했다. 그는 '조선인끼리 차별하는 것은 일제 식민 통치를 돕는 어리석은 짓'이라고 생각하며 백정 이학찬과 뜻을 모았다. 그렇게 마침내 1923년 4월, '형평사'가 세워지며 형평 운동이 시작되었다.

형평사 멤버들은 총독부에 문서를 보내 '관공서나 학교, 목욕탕, 이발소, 음식점 등에서 백정을 차별하지 말라'고 요구했고, 백정의 자녀들을 위한 야학을 세웠다. 특히 백정의 호적에 붙은 붉은 점을 없애 달라고 요구하여 실제로 경남 지역에서는 이 호적 정정 요구가 받아들여지는 큰 성과를 얻기도 했다. 형평 운동은 시작된 지 불과 한두 달 만에 전국적으로 번졌다.

다만 이를 탐탁지 않게 여기고 방해하는 사람들도 있었으니, 천하게 여겼던 백정들의 움직임을 두려워했던 조선의 농민들이었다. 실제로 형평사 창립 축하식이 열린 바로 다음 날, 진주의 농민 2,500여 명이 형평사 본부를 습격하는 사건이 벌어진다. 이들은 형평사에 속한 백정에게는 고기를 사지 않겠다는 불매 운동을 펼치고, 강상호를 '신백정'이라 부르며 뺨을 때리고 옷을 찢기도 했다. 그럼에도 불구하고 강상호는 '차별 없는 사회'를 만들겠다는 의지로 자신의 전 재산을 쏟아부으며 형평 운동을 위해 힘썼다. 사람들의 비난과 반발, 다른 양반들의 따돌림, 일제의 방관 등 모든 수모를 견디면서도 뜻을 굽히지 않은 것이다. 강성호는 결국 형평 운동 이후에 빈털터리가 되어 농부로 살다 쓸쓸한 죽음을 맞이했으나, 전국에서 모여든 백정들이 장례를 9일 동안이나 치르며 자신들 편에 서 줬던 그를 기렸다고 한다.

형평 운동은 일제 강점기 동안 최장기간 펼쳐진 전국적 사회 운동이자 신분제 해체에 실질적인 힘을 보탠 '우리나라 근대사 최초의 인권 운동'이었다. 지금은 신분 차별을 상상할 수 없지만 형평 운동이 일어난 지는 불과 100여 년밖에 되지 않았고, 실질적으로 신분 차별이 완전히 사라진 것은 6.25 전쟁 이후다. 전쟁으로 엄청난 사상자가 발생하고 신분에 관계없이 모두가 가난에 시달리게 되면서, 해방 직후에도 암암리에 존재하던 신분제가 완벽하게 뿌리 뽑히게 된 것이다.

역사 기록에 천민의 삶을 기록한 자료는 많이 남아 있지 않다. 하지만 우리가 지금 평등한 삶을 누리기까지 이름도 알려지지 않은 수많은 인물의 피와 땀이 있었다는 것만은 분명하다. 평등한 삶과 인권을 위해 발벗고 노력했던 인물들 덕분에 우리의 역사는 차별과 억압의 시대에서 벗어나 평등한 사회로 한 발짝 나아갈 수 있었다. 천대받던 노비들, 3.1 만세 운동에 몸을 바친 기생들, 또 최초의 인권 운동을 펼친 백성들은 조선 시대 사회를 발전시키고 지금에 이르게 한 진정한 원동력이다.

최근 K-콘텐츠의 세계적인 인기에는 여러 가지 요인이 있지만 분명한 건 드라마는 결코 배우만 잘한다고 해서 성공할 수 없다는 점이다. 모든 스태프가 제작 전반에 걸쳐 K-드라마 특유의 섬세하고 디테일한 매력을 만들어 낸다. 어떤 배역을 연기하든 역할에 푹 빠져 시청자들의 몰입감을 극도로 이끄는 배우의 힘과 각자의 자리에서 자신의 역할에 충실한 이들의 노력이 K-드라마가 가진 힘과 영향력의 비결이 아닐까.

68년 역사의 K-드라마, 세계로 나아가다

김영옥

배우

김영옥

배우

1937년에 태어나 1958년 한국 최초의 TV 방송국 HLZK에서 데뷔하였다. 이후 MBC 라디오 방송국의 성우 1기로 활약하다, 1969년 MBC의 TV 드라마로 다시 연기를 시작했다. 〈새엄마〉, 〈세상에서 가장 아름다운 이별〉, 〈내가 사는 이유〉 등 대한민국 초기 드라마뿐 아니라 〈디어 마이 프렌즈〉, 〈갯마을 차차차〉, 〈오징어 게임〉, 〈파친코〉 등 한류를 이끈 드라마에서도 여전히 활발하게 연기 활동을 이어가고 있다. 20대 때부터 할머니 연기를 하며 국민 엄마, 국민 할머니로 불리지만, 가정을 위해 희생하는 틀에 박힌 이미지가 아닌 욕하는 할머니, 할 말하는 할머니 등 주체적인 여성의 모습을 보여 주는 캐릭터로 남녀노소에게 큰 사랑을 받는 67년차 배우이다.

K-드라마의
시발점

한국 최초의 드라마를 방영한
HLKZ

한국 최초의 드라마는 HLKZ-TV에서 방영된 〈천국의 문〉이라는 30분짜리 드라마다. HLKZ는 1956년에 개국한 우리나라 최초의 TV 방송국이다. 방송국 환경은 지금 기준으로는 상상할 수 없을 만큼 열악했다. 종로 사거리 보신각 옆에 있는 동일빌딩 건물에서 3층 스튜디오 하나를 사용하는 게 전부였는데, 건물 자체가 허름하다 보니 사무실 위층의 화장실에서 오줌이 떨어져 내리는 경우도 있었다.

당시 카메라는 딱 두 대뿐이었고 방송은 하루에 2시간 정도만 했다. 그때까지 라디오는 있었지만 TV는 처음 등장한 시기라, 사람들은 '활동 사진이 붙은 라디오가 나왔네?'라고 말하곤 했다. 프로그램이 편성되면 지정된 시간에 스튜디오에서 촬영을 하고, 그걸 두 대의 카메라로 찍어 화면에 변화를 주는 방식이었다. 녹화라는 개념이 없이 모든 게 생방송이었고, 드라마도 예외가 아니었다.

그때는 연극하는 사람이 많지 않아서 어머니 역할을 할 만한 배우가 마땅히 없었다. 김영옥 배우가 처음 맡은 역할도 인민군 아들을 둔 어머니 역할이었다. 나이가 고작 21살이었는데, 어머니 역할을 맡았으니 당연히 나이가 들어 보이게 분장도 했다. 열악한 분장 도구들로 노인 분장을 하는 게 고역이었다. 숯이나 돌가루로 눈 밑에 다크서클을 그리고 주름도 그려 넣었는데 아프기도 하고 따가워 힘들기도 했다. 분장이 쉽게 지워지지 않아서 책받침으로 긁어내기까지 했으니 피부가 그야말로 생고생이었다.

드라마를 찍으러 가면 당시 하루 출연료로 100원 정도를 받았다. 드라마를 녹화가 아니라 생방송으로 내보냈던 시절이라 별의별 에피소드도 많았다. 연기하다가 대사를 틀리거나 까먹어도 그대로 방송으로 나간 것이다. 배우가 연기하다가 대사를 틀리고 도망가 버리면 카메라 감독이 그것도 연기인 줄 알고 따라가 찍기도 했다. 상대 배우 입장에서는 뭐라도 해야 하니까 일단 다음 장면을 연기하고 있으면, 도망갔던 배우가 돌아와서 까먹었던 대사를 다시 하기도 했다. 그러니 드라마 내용이 뒤죽박죽되는 웃지 못할 상황도 생겼다. 지금 생각하면 말도 안 되는 일이지만 그때는 그게 일상이었다. 이후 어느 정도 분량은 녹화로 찍어 두고, 특정 부분만 생방송으로 연기하는 방식으로 조금씩 촬영 여건이 바뀌었다.

우리나라 최초의 녹화 드라마는 〈초설〉로, 1964년 TBC 방송국 개국 특집으로 방송한 작품이다. 다만 이때도 녹화 기술은 있지만 편집 기술이 없어 NG가 나면 처음부터 다시 녹화를 해야 했다. 그래도 생방송에 비하면 여유가 있었기 때문에 몇 번이고 녹화를 거듭하면서 완성도를 높일 수 있었고, 덕분에 드라마는 점차 발전하며 진화했다. 편집까지 가능해진건 60년대 후반에 들어설 즈음부터였다.

TV 삼국 시대와
일일드라마의 탄생

1959년쯤 갑자기 예기치 못한 사고가 생겼다. 방송국에 불이 난 것이다. 방송하는 날 아무것도 모른 채 첫차를 타고 방송국 앞에 도착했는데, 눈앞에 보이는 건 불이 나서 까맣게 전소되어 버린 잔해들이었다. 얼마나 놀랐는지 절로 눈물이 주르륵 났다. 준비한 연기는 해 보지도 못하고, 한순간에 직장도 잃은 것이다.

어쨌거나 당장 돈을 벌어야 하니 춘천 방송국에서 아나운서도 하고, CBS에서 성우도 하며 일을 이어 갔다. 그렇게 HLKZ가 역사 속으로 사라진 이후, 1961년에 KBS-TV가 개국하고 1964년에는 TBC 방송국이 개국했다. 김영옥 배우는 1961년도에 개국한 MBC 라디오 방송국의 성우 1기로 입사하여 드라마나 애니메이션 더빙을 시작했다. 그리고 1969년도에 드디어 MBC도 TV 방송국을 개국하면서 자연스럽게 TV 드라마 배우로서의 활동이 펼쳐졌다. 우리나라에 일명 'TV 삼국 시대'가 열린 시기였다. 지금도 그렇지만 당시에도 방송국 3사의 시청률 경쟁은 엄청났다.

특히 1970년대는 일일드라마의 시대였다고 해도 과언이 아니다. 기존의 단막극 1회를 찍는 비용과 시간으로 일일연속극 5회를 제작할 수 있었는데, 그만큼 더 많은 광고를 붙일 수 있다 보니 일일연속극의 경쟁이 치열할 수밖에 없었다. 한편으로는 1960년대까지는 반공극이 주를 이뤘던 터라, 일상 속의 친근한 인물들로 공감대를 이끌어내는 일일연속극에 대한 반응이 더 뜨거웠다. '안방극장'이라는 말도 이때 등장했다.

그러다 보니 나중에는 한 방송국마다 일일드라마를 3개씩 편성하는 일도 있었고, 나중에는 정부에서 일일드라마 편성을 줄이도록 규제를 할 정도였다. 그중에서도 1970년에 나온 TBC 〈아씨〉, 1972년에 방영된 KBS 〈여로〉와 MBC의 〈새엄마〉의 세 작품은 1970년대 한국 드라마를 이끌고 일일드라

3부 — 일상 속의 즐거움, 문화 수업

마를 정립시킨 작품들이라 할 수 있다. 심지어 영화를 보러 온 관객들도 드라마 시간이 되면 휴게실 TV 앞에 모여 드라마를 보는 바람에, 드라마가 방영되는 20분 동안은 영화 상영을 쉬어 가기도 했다.

흥행 보증수표
'김수현 사단'의 탄생

1970년대 K-드라마의 핵심은 일일드라마의 정립과 더불어 김수현 작가의 탄생을 꼽을 수 있다. 〈새엄마〉는 김수현 작가의 첫 일일드라마로, K-드라마 역사에서 빼놓을 수 없는 작품이다. 작품 속 엄마는 김혜자, 아빠는 최불암, 새엄마가 전양자, 딸이 윤여정 배우였고 김영옥 배우는 윤여정의 시어머니 역할이었다. 당시에는 설문 조사를 통해 시청률을 집계했는데, 〈새엄마〉의 평균 시청률은 무려 70%나 됐다. 지금은 상상할 수조차 없는 경이로운 시청률이다. 게다가 411회나 방영한 최장수 일일드라마이기도 했다.

〈새엄마〉는 제목 그대로 후처로 들어간 새엄마가 기존의 가족들 사이에서 적응하고 어울려 살아가는 이야기를 담고 있다. 특히 작품을 통해 새엄마는 '못된 계모'라는 편견을 깨고, 새엄마도 가족의 일원으로 존중받을 수 있다는 캐릭터를 제시해 큰 사랑을 받았다. 기존의 드라마 작가들은 대부분 남성이었는데 '김수현'이라는 여성 작가가 등장하면서 여성의 시선으로 가족에 대한 새로운 메시지를 던진 것이다.

동시대 인기 작품이었던 〈아씨〉는 아내가 남편을 내조하는 이야기이고, 〈여로〉도 아내가 바보 남편과 살면서 고된 시집살이를 겪는 이야기로 한국 여성들의 희생과 미덕을 강조했다. 그 사이에서 여성 스스로의 의지와 지혜로 이야기를 풀어가는 〈새엄마〉는 대중들에게 큰 반향을 일으키며 김수현 작가를 각인시켰다. 이를 시작으로 1980년대부터 이른바 '김수현 사단'이라는 믿고 보는 드라마 흥행 보증 수표가 탄생했다.

3부 — 일상 속의 즐거움, 문화 수업

컬러 TV로 시작된
변화의 물결

한류의 역사가 시작된
1990년대 드라마

1970년대까지만 해도 일일드라마 화면은 흑백이었다. 그러다가 컬러 TV가 등장하면서 한국 드라마는 또 한 번 극적인 변화를 맞이한다. 우리나라의 첫 컬러 방송은 1980년 12월 〈수출의 날 기념식〉 중계 방송이었다. 당시 전국의 전자제품 대리점 앞마다 첫 컬러 방송을 보려고 모인 사람들이 인산인해를 이루었다.

1981년 1월 1일부터는 마침내 컬러 방송이 전면적으로 실시됐다. 이때부터는 나훈아, 조용필 등이 출연하는 〈쇼 2000〉 같은 화려한 오락 프로그램들이 폭발적으로 늘었다. 국민 드라마인 〈수사반장〉이나 〈전원일기〉도 하루아침에 흑백에서 컬러로 바뀌어 방송되었다. 컬러 TV의 등장과 함께 드라마도 점점 대형화되고 발전했는데, 특히 1987년에 최인호의 소설 《불새》를 원작으로 한 MBC 드라마 〈불새〉가 크게 흥행했다.

〈불새〉를 시작으로 1990년대는 미니시리즈의 시대가 본격화되었다. 미니시리즈는 연속극이 갖는 일상성을 탈피하여 회차를 줄이고 내용을 압축해 작품의 완성도를 높인 것이다. 요즘에도 긴박한 드라마 제작 관행이 지적되는 경우가 있는데, 미니 시리즈는 어느 정도 사전 제작도 가능하고 로케이션 (스튜디오나 세트 등을 벗어나 야외에서 진행되는 촬영) 촬영도 가능해 작품의 완성도를 높일 수 있었다. 미국이나 일본은 10~12부작이 일반적이었지만, TV 광고에 의존하던 우리나라는 회차가 점차 늘어나 1990년대에는 16부작이 대부분이었다.

〈불새〉 외에도 대표적인 미니시리즈로 1991년에 방영된 〈여명의 눈동자〉는 제작비가 약 44억 원에 2년 넘는 제작 기간으로, TV 드라마 역사를 새로 썼다고 해도 과언이 아닌 블록버스터 시대극이었다. 그래서 〈여명의 눈동자〉를 대하 미니시리즈라고 부르기도 한다. 1992년에 방영된 〈질투〉는 편의점이나 피자를 전국적으로 유행시키고, 최수종과 최진실을 당대 최고의 스타로 급부상시킨 드라마였다. 다양한 장르의 드라마가 사랑받으면서 〈사랑이 뭐길래〉 같은 가족 드라마는 무려 최고 시청률 64.9%를 달성할 정도였다.

1990년대에 접어들면서는 본격적으로 한류의 역사가 시작된다. 드라마 〈별은 내 가슴에〉는 한류 스타 안재욱을 탄생시켰고, 2003년 드라마 〈대장금〉은 이란 국영 방송에서 시청률 86%, 스리랑카에서는 무려 99%의 시청률을 기록했다.

매체의 변화는
일상의 변화로

컬러 TV의 시대에 접어들고 전 세계로 K-콘텐츠가 뻗어나가기까지, 드라마 제작 환경에도 많은 변화가 있었다. 기본적으로 화면에 비춰지는 부분을 좀 더 섬세하게 신경 쓸 것이 많아졌다. 배우들은 코디를 써서 옷을 더 갖춰 입기도 하고, 드라마 소품은 흑백일 때보다 더 정교한 소품을 사용했다. 예를 들어 흑백일 때는 바가지로 물을 떠먹는 장면을 촬영할 때 바가지가 더러워도 화면에 티가 나지 않으니 소품을 교체하지 않고 연기했는데, 컬러 TV에는 더러운 모습이 선명하게 비춰지니 더 정교하고 그럴싸한 소품이 필요해진 것이다. 그러다 보니 소품의 퀄리티도 자연스럽게 높아졌다.

물론 변화에 적용하는 과정도 필요했다. 이를테면 〈수사반장〉에서 흑백으로 나오던 피가 적나라한 빨간색으로 나오니 너무 섬뜩하다는 시청자들의 반응도 있었다. 1981년에는 MBC TV 제작부에서 가로무늬 의상이나 작은 물방울 무늬는 컬러 화면을 방해하니 입지 말라는 복장 안내문을 붙이기도 했다.

철 따라 경치 좋은 풍경과 색채를 보여 주기 위해 야외 촬영도 많이 진행됐는데, 노동 강도는 강해진 반면 임금은 동일하다 보니 TV 연기자 협회가 야외 촬영을 거부하는 일도 있었다. 한편으로 대형 자본이 들어오면서 드라마가 더 대형화되고 발전하다 보니 영화계도 긴장했다. TV 이전부터 영화는 컬러였는데, 컬러 TV가 등장했으니 극장이 망할 것이라는 성급한 분석이 나왔던 것이다.

물론 그때까지만 해도 컬러 TV가 대중적으로 보급된 상황은 아니었다. 1980년 당시 컬러 TV 14인치가 36만 원, 19인치가 48만 원 정도였다. 당시 80kg 쌀 한 가마에 약 4만 6천 원 정도였으니 컬러 TV는 거의 쌀 10가마 정도로 상당히 부담스러운 가격이었다.

그럼에도 컬러 TV의 등장은 단순히 드라마 제작 환경을 바꾸는 걸 넘어 사회 전반의 변화를 이끌었다. 이전의 흑백 광고보다 훨씬 직접적이고 화려한 컬러 광고가 많아졌고, 이는 사람들의 소비 문화에도 많은 영향을 끼쳤다. 특히 가장 큰 영향을 받은 분야 중 하나는 화장품이다. 반짝이가 들어간 립스틱이나 다양한 색상의 아이셰도우가 대중화된 것도 컬러 TV

가 나오면서부터였다.

반대로 가정의 커튼이나 벽지는 화려한 색상보다 안정되고 차분한 느낌이 인기를 끌기 시작했다. 눈이 어지러운 컬러 TV를 두기 시작하면서 실내는 단색의 차분한 분위기를 선호하게 되었기 때문이다. 컬러 TV의 등장이 비단 방송뿐 아니라 국민들의 생활 전반에까지 엄청난 변화를 이끈 셈이다.

K-드라마와 함께한
김영옥의 67년

2021년은 전 세계가 〈오징어 게임〉을 비롯한 K-드라마에 다시 한 번 열광한 해였다. 김영옥 배우도 〈오징어 게임〉을 통해 '국민 할머니'를 넘어 '월드 클래스 할머니'로 얼굴을 알렸다. 문화적 경계를 넘어 글로벌 콘텐츠로 영향력을 높여 가는 K-드라마는 눈부신 속도로 발전하는 중이다.

K-드라마의 시작부터 지금까지 대한민국 드라마와 67년을 함께한 김영옥 배우는 엄마 역부터 무서운 할머니 역할, 까탈스러운 시어머니 역할까지 맡아 연기하며 국민 엄마, 국민 할머니로 자리매김했다. 심지어 김영옥 배우보다 나이가 많은 신구, 이순재 배우의 엄마 역할도 했던 적이 있으니 그야말로 어머니 전문 배우다. 배 안 아프고 낳은 아들이 60명도 넘는

셈이랄까.

수많은 작품 중에서도 김영옥 배우는 1997년 노희경 작가의 〈내가 사는 이유〉를 인생 드라마로 꼽는다. 남편의 폭력으로 어린아이가 된 동생 숙자를 돌보며 차마 동생을 떠나지 못하는 언니 숙희의 역할을 맡아 많은 시청자의 심금을 울렸던 작품이다. 이 외에도 여러 작품을 함께한 노희경 작가는 '김영옥은 항상 나에게 영광이다'라고 말했고, 김혜자 배우는 '김영옥은 아무리 작은 역할이라도 각각 다르게 연기하는 천생 배우다'라는 찬사를 보내기도 했다.

20대부터 엄마 역할을 했으니 예쁜 여주인공을 맡은 배우들이 부러울 법도 했지만 김영옥 배우는 '내게 맡겨진 일은 내가 가장 잘하는 일'이라고 말한다. 감독이 보기에 그 역할을 잘할 거라고 생각해서 배역을 준다고 생각하기 때문에 늘 역할에 만족하고 충실할 뿐이었다. 어머니 역할이든 할머니 역할이든, 그 역할에 빠져서 돋보이도록 맛있게 연기하면 된다고 생각했다. 배우의 능력을 알아보는 것이 감독의 역량이라면, 그 기대에 부응하는 것이 배우의 역할이다.

최근 K-콘텐츠의 세계적인 인기에는 여러 가지 요인이 있지만 분명한 건 드라마는 결코 배우만 잘한다고 해서 성공할 수 없다는 점이다. 모든 스태프가 제작 전반에 걸쳐 K-드라마 특유의 섬세하고 디테일한 매력을 만들어 낸다. 어떤 배역을 연기하든 역할에 푹 빠져 시청자들의 몰입감을 극도로 이

끄는 배우의 힘과 각자의 자리에서 자신의 역할에 충실한 이들의 노력이 K-드라마가 가진 힘과 영향력의 비결이 아닐까.

우리나라는 1인당 연간 수산물 소비량이 1위다. 다른 나라에서는 잘 먹지 않는 다시마, 미역, 김 등의 해조류부터 어류, 패류까지 바다에서 나는 건 거의 다 먹는 민족이다. 그런데 수산물과 그렇게 친숙하면서도 정작 내가 먹는 수산물이 정확히 무엇인지, 또 무엇을 먹고 무엇을 먹지 말아야 하는지, 어떻게 구매하는 게 똑똑한 소비인지에 대해서는 잘 모르는 사람이 많다. 드넓은 바다만큼이나 끝이 없는 수산물의 세계, 알고 나면 더욱 똑똑하게 즐기고 소비할 수 있다.

3강

K-수산물
제대로 즐기는 법

김지민

어류 칼럼니스트

김지민

어류 칼럼니스트

국내 최대 수산물 정보 커뮤니티 '입질의 추억'
운영자이자 국내 최초 어류 칼럼니스트로 활동하는
수산물 전문가. 2010년 본격적으로 수산물에 관련한
글을 쓰기 시작해, 15년차 어류 칼럼니스트로
활동하고 있다. 구독자 100만 이상의 유튜브 채널
'입질의추억TV'와 방송 활동을 통해 국내 수산물
분야에서 독보적인 활동을 이어가는 중이다. 〈유
퀴즈 온 더 블럭〉, 〈난리났네 난리났어〉, 〈성난
물고기〉, 〈어영차 바다야〉를 비롯해 다수의 방송에
출연했고, 《생선 바이블》, 《짜릿한 손맛, 낚시를
시작하다》, 《우리 식탁 위의 수산물, 안전합니까》,
《꾼의 황금 레시피》, 《수산물이 맛있어지는 순간》 등
여러 권의 책을 펴냈다.

한국어(漁)
활용백서

수산물의 제철은
언제일까

수산물은 언제 제철을 맞았다고 표현할까? 보통 그 수산
물이 제일 많이 잡히고 맛있는 시기를 제철이라고 하는데, 그
걸 한마디로 정의하자면 '산란을 준비할 때'라고 할 수 있다.
대체로 어류는 산란을 준비할 때 영양소를 축적하고 살을 찌
워 맛과 영양이 풍부하기 때문이다. 반면 산란이 임박해질 때
는 알과 정소가 비대해지면서 각종 영양소가 알과 정소로 집
중되고, 산란을 마쳤을 때도 지방이 빠지면서 맛이나 식감이
떨어진다. 그래서 산란 시기보다는 산란을 준비하는 시기를
'제철'이라고 본다. 쉽게 말해 5~6월에 산란을 하는 어종은

1~3월이 제철이고, 9월에 산란을 하면 7~8월이 제철이다.

어종마다 산란을 준비하는 시기가 다르기 때문에 제철도 제각기 다르다. 다만 자연산에 비해 양식 활어의 경우에는 각종 영양소가 든 사료를 규칙적으로 먹이기 때문에 비교적 품질이 일정하고 맛의 기복이 크지 않은 편이다. 예를 들어 봄이 제철인 생선은 대표적으로 '생선계의 에르메스'라고 불리는 금태가 있다. 금태의 표준명은 '눈볼대'인데 부산에서는 빨간 고기, 제주에서는 북조기라고도 한다. 금태는 7~10월이 산란기이기 때문에 3월부터 6~7월까지가 제철이라고 볼 수 있다. 하지만 금태는 이때뿐만 아니라 1년 내내 맛있는 생선이다. 금태는 수심이 100~200m나 되는 깊은 곳에서 사는데, 수심이 깊으면 수온이 차가워서 자연히 지방이 발달하기 때문이다. 철에 상관없이 지방을 품고 있기 때문에 지방에서 뿜어져 나오는 고소함과 풍미가 좋다.

다만 금태는 우리나라에서 가장 비싼 생선 중 하나다. 가격은 품질과 크기에 따라 천차만별이지만 어른 손바닥만 한 크기가 마리당 7~8천 원부터 1만 원 선이고, 700~800g 정도의 큰 사이즈는 마리당 2만 5천 원에서 3만 5천 원, 가장 비쌀 때는 마리당 5만 원까지도 한다. 크면 클수록 기름진 정도나 풍미가 좋다 보니 크기가 1cm 늘어날 때마다 가격이 거의 배로 뛴다고 보면 된다.

3~5월에는 참소라, 뿔소라, 삐뚤이소라도 별미다. 서해

안 일대에서는 참소라와 삐뚤이소라를, 제주도나 남해안에서는 뿔소라를 추천한다. 참고로 참소라와 삐뚤이소라는 회도 좋지만 데쳐 먹는 게 맛있고, 뿔소라는 삶아 먹는 것보다 회가 맛있다. 해초류를 갉아 먹고 사는 뿔소라는 회로 먹으면 은은한 해초와 바다 맛이 나면서 마치 전복 같은 식감이 아주 일품이다.

8월 한여름에 제주도로 휴가를 떠난다면 황돔을 추천한다. 황돔은 참돔을 가리키는 제주도 방언이다. 사실 참돔은 여름이 제철은 아닌데 30~35cm 사이의 중치급은 산란에 참여하지 않아서 여름에도 꽤 맛있다. 동해로 놀러간다면 역시나 오징어다. 여름은 오징어가 1년 중 가장 저렴한 시기다.

겨울에는 문어, 개불, 해삼, 전복 등도 맛있고, 우럭, 광어, 도미 같은 기본 횟감에서 벗어나고 싶은 분들에게는 쥐치나 뽈락도 추천한다. 뽈락은 보통 15~20cm 정도로 사이즈가 작은 생선인데 회는 물론이고 매운탕, 소금구이로 먹어도 맛있다. 또 조금 더 특별한 횟감을 찾는다면 겨울 제철을 맞은 자연산 감성돔도 씹는 식감이 정말 좋다.

수산물 맛있게 먹기

① 금태 맛있게 먹는 조리법

금태는 몸값이 비싼 만큼 주로 고급 일식집이나 파인다이닝에서 맛볼 수 있는데, 직접 구매해 집에서 요리해 먹어도 충분히 고급 레스토랑 수준의 맛을 느낄 수 있다. 가장 추천하는 조리법은 비늘째 구워 먹는 금태구이다.

금태는 비늘을 그대로 두고 간고등어 손질하듯이 반으로 갈라 펼쳐서 준비한다. 프라이팬에 식용유를 두른 뒤, 기름에 연기가 살짝 날 때 국자로 기름을 금태 위에 끼얹는다. 꼬리쪽부터 기름을 부으면 자연스럽게 흐르면서 비늘이 익어 소나무 껍질처럼 일어나게 된다. 이 과정을 몇 번 반복하면 비늘이 완전히 익어 바삭바삭해진다. 그 다음에는 금태에 소금을 묻혀 오븐에 굽는다. 지느러미에는 굵은 소금을, 표면에는 가는 소금을 뿌려 오븐에 약 15분 정도 구워 주면 금태 구이가 완성된다. 이렇게 구운 금태를 입에 넣으면 비늘이 바스스 부서지는 소리가 귀에 들릴 정도로 겉은 바삭하고, 속살은 촉촉해 사르르 녹는 식감을 즐길 수 있다.

또 다른 추천 조리법은 금태 솥밥이다. 고급 일식당이나 오마카세 코스의 마지막 메뉴로 자주 등장하는 메뉴다. 솥밥을 만들 때는 금태를 깨끗이 손질해서 포를 뜬 다음 토치로 겉면을 구워 주면 된다. 그러면 껍질과 살 사이에 지방질이 녹으면서 더 고소해지고 불향도 살아난다. 그다음 솥밥 재료들과 함께 불에 익혀 밥을 한 뒤, 달래장과 비벼 먹으면 생선의 비린 맛은 전혀 없으면서 버터와는 또 다른 차원의 고소한 풍미가 느껴진다.

② **맛있는 대게 고르는 법**

보통 대게의 제철을 겨울로 알지만 실제로 살이 차기 시작하는 시기는 2월부터 5월까지이며, 100% 살이 꽉 찬 대게를 맛보고 싶다면 3~4월이 적기다. 좋은 대게를 고르려면 무엇을 살펴야 할까?

대게의 표면에 생물이 많이 붙어 있고 거칠어 보이는 개체가 살이 많이 차 있을 확률이 높다. 대게는 1년에 한 번 탈피하면서 새 옷을 입고 몸집을 불리는데, 막 탈피한 상태에서는 표면이 매끈해서 좋아 보이지만 실제 속은 부실하다. 껍데기가 물러지고 새살이 돋아나기 전이기 때문이다. 탈피를 한 뒤 수개월이 지나야 살과 장이 가득 차오르는데, 그 과정에서 부착 생물이 붙으며 표면이 거칠어 보이게 된다. 또 대게를 뒤집었을 때 다리 껍질이 희고 매끈한 것보다는 붉은 기가 돌고 배딱지도 양옆으로 선홍색을 띠는 것을 고르는 게 좋다.

대게를 집에서 쪄 먹을 때는 대게에 물이 닿지 않도록 하는 것이 팁이다. 대게를 물에 데치면 살에 수분이 스며들어 맛이 떨어지니 물이 아니라 증기를 이용해 쪄야 한다. 등딱지에 참기름 한 방울 넣고 비벼 먹는 밥도 정석이지만, 대게 내장 볶음밥에 피자 치즈를 올려 오븐에 구운 '대게 그라탕'을 시도해보는 것도 추천한다.

우리는 회를
무슨 맛으로 먹는가

활어회 파 vs
숙성회 파

'수산물' 하면 많은 사람이 회, 그중에서도 생선회를 대표적으로 떠올린다. 우리는 회를 무슨 맛으로 먹는 걸까?

감칠맛이 좋다고 하는 사람도 있지만 탱글하고 쫄깃한 식감 때문에 먹는다고 생각하는 사람도 많다. 맛보다 식감이 우선이라고 생각한다면 '활어회 파'다. 수산시장에 가면 팔딱팔딱 살아 있는 생선을 바로 잡아 주는데, 이렇게 즉살한 뒤 한두 시간 이내에 썰어 먹는 걸 '활어회'라고 한다. 보통 생선이 죽고 나서 한두 시간이 지나면 사후 경직이 생기는데, 활어회는 그 이전에 먹기 때문에 근육이 단단해지지 않고 젤리 같은 식감이 난다. 이걸 우리가 '쫄깃하다', '탱글탱글하다'고 느끼는 것이다.

쫄깃한 식감이 아니라 감칠맛을 즐기는 분들은 '숙성회파'라고 할 수 있다. 숙성회는 활어회와 마찬가지로 살아 있는 상태의 생선을 즉살한 뒤, 일정 시간 숙성시킨 것을 말한다. 짧게는 몇 시간, 길게는 3~4일까지 저온 숙성을 한다. 회를 굳이 숙성하는 이유는 감칠맛을 높이기 위해서다. 어류가 죽은 뒤의 사후 경직은 어종과 크기에 따라 다르지만 빠르면 한두 시간, 늦으면 하루 이내에 끝난다. 그러면 수축했던 근육이 느슨해지면서 육질이 조금씩 부드러워지는데, 시간을 두고 숙성하면 맛 성분인 이노신산이 생겨 감칠맛이 아주 좋아진다. 이 성분은 활어회에는 없고, 회를 2~3일 숙성했을 때 최대치로 오른다. 그래서 식당에서는 2~3일 정도 숙성하여 식감과 맛을 둘 다 잡을 수 있는 숙성회로 제공하는 경우가 많다.

숙성 시기를 지나 어류가 죽은 뒤 3~4일이 지나면 육질이 더 부드러워지면서 초밥으로 쓰기 좋은 상태가 된다. 초밥회는 그냥 먹는 숙성회보다도 부드러워야 밥이랑 같이 씹었을 때 조화롭기 때문에, 보통 1~3일 정도 숙성한 회를 이용한다. 다만 시간이 더 지나면 감칠맛 성분도 정점을 찍고 떨어져 그때부터는 초밥회로도 쓰기 어렵고, 구이나 탕으로 먹는다.

한국에 활어회 문화가
발달한 이유

외국인들은 한국의 수산시장에 오면 깜짝 놀란다. 살아 있는 생선을 바로 잡아 썰어 먹는 문화는 세계적으로도 흔치 않기 때문이다. 우리나라에 이처럼 독특한 활어회 문화가 발달한 데에는 몇 가지 이유가 있다.

우리나라에서 많이 잡히고 많이 먹는 우럭이나 광어 같은 흰 살 생선은 활어 차에 장시간 운송되어도 쉽게 죽지 않고 생명력이 강하다. 그래서 수조에 들어가도 오래 살아 남는다. 게다가 운송과 물류의 발달로 반나절이면 각 지역으로 활어 유통이 가능하니, 자연스레 활어 문화가 발달할 수 있었다. 또 흰살 생선은 살이 단단한 편인데, 부드러운 빵보다 쫄깃쫄깃한 떡의 식감을 좋아하는 우리의 식문화도 활어회의 인기에 한몫했을 것이다. 반면 일본의 경우 주로 참치나 방어 같은 붉은 살 생선이 많이 잡히는데, 이 생선들은 스트레스에 취약해서 잡히고 나면 금방 죽는다. 그래서 싱싱한 물고기를 즉살시킨 후에 숙성해 유통하는 숙성회 문화가 발달했다.

우리나라의 또 다른 독특한 회 문화는 '쌈'이다. 가끔 회에 초장이나 쌈장을 찍어 쌈을 싸먹는 걸 두고 '회 맛을 모른다'는 지적을 하는 사람도 있는데, 우리나라에서 쌈 문화가 발달한 데에도 합리적인 이유가 있다. 활어회는 감칠맛보다는

3강—K-수산물 제대로 즐기는 법

식감이 중요한 음식이다 보니, 강한 맛의 초장이나 쌈장 소스에 찍어 먹으면 쫄깃한 식감에 맛까지 더해지는 즐거움을 느낄 수 있다. 또 활어회에 상추, 깻잎, 고추, 마늘 같은 쌈 채소를 곁들이면 끝까지 아삭아삭한 식감을 즐길 수 있는 데 비해, 숙성회에 쌈을 싸면 회가 먼저 넘어가고 마지막에는 쌈 채소만 남게 되니 재료 간 부조화를 느끼게 된다. 즉 회의 특성이 다르기 때문에 각기 궁합에 맞는 식재료나 먹는 방법에 대한 지향점이 다를 뿐이다.

선어회로 먹으면
맛있는 생선

활어회나 숙성회와 달리 선어회는 업장이 아니라 산지에서 바로 죽은 생선을 유통한 것을 말한다. 선어의 '선'은 싱싱하다는 뜻의 '鮮'(선) 자를 써서, 비록 죽은 생선이지만 횟감용 정도의 신선도를 가진 걸 의미한다. 구체적으로는 죽고 나서 대략 12시간에서 하루 안팎으로 지난 것, 그리고 공수되는 동안 얼음이나 냉장고를 통해서 저온에 보관된 것이다.

우리가 먹는 횟감 중에는 살려서 운송할 수 있는 어종도 있지만, 그럴 수 없거나 혹은 아주 까다로운 어종도 있다. 이런 어종은 잡히자마자 죽는 경우가 많아 주로 선어회로 먹을 수밖에 없다. 대표적으로 목포나 여수에서 쉽게 먹을 수 있는 삼치, 병어, 민어 등은 선어 횟감으로 유명하다. 사실 우리나라에서는 선어가 '덜 신선한 회'라는 인식이 많았는데 몇 년 사이에 미식에 대한 관심이 높아지고 특히 젊은 세대에서 선어회 문화를 거리낌없이 받아들이며 최근에는 선어회의 인기도 높아졌다.

선어회로 인기 있는 어종 중 특히 추천하고 싶은 건 삼치다. 삼치는 평생 동안 잠을 자지 않고 바다를 계속 헤엄치는 어종이다. 정확히 말하면 삼치는 멈추면 죽어 버린다. 부레가 아예 없기 때문이다. 부레는 물속에서 중심을 잡아 주는 역할을 하여 부레가 있는 생선은 마치 헬리콥터처럼 지느러미만 살랑살랑 움직이며 유영할 수 있다. 그런데 삼치는 계속 달리면서 물의 산소를 빨아들여야만 호흡을 할 수 있다. 우럭, 광어, 도미 같은 생선은 물 밖으로 잡혀 올라와도 부레 때문에 어느 정도 뻐끔거리며 숨을 쉬는데 삼치는 잡히자마자 죽어 버린다. 그래서 활어로 공수하기는 어려워 선어회로 즐기는 편이다.

삼치는 주로 찜이나 구이로 먹기 때문에 회가 낯설 수도 있지만, '삼치회는 혀로만 먹어도 된다'고 할 만큼 살살 녹고 부드러운 식감에 기름진 맛을 가지고 있다. 다소 느끼할 수도 있어 양념 간장이나 마늘, 고추를 얹어 김에 싸 먹으면 아주 잘 어울린다. 김을 곁들이는 건 남도 지방에서 오래전부터 먹

3강―K-수산물 제대로 즐기는 법

어 왔던 방법이고, 여수 쪽에서는 김과 갓김치, 밥을 곁들여서 먹는다.

민어는 부레가 있지만 선어회로 즐기는 어종이다. 민어는 오히려 부레가 굉장히 크게 발달했다. 문제는 부레가 너무 발달한 탓에 수압차와 그에 따른 감압에 매우 예민하다는 점이다. 수심 20~50m권에서 잡히는 민어는 곧바로 배에 올려지면 수압차 때문에 부레가 부푼다. 부레에서 공기를 빼 주지 않으면 오래 버티기 어려운데, 분초를 다투는 치열한 조업 현장에서 일일이 부레의 공기를 빼 줄 수 없다 보니 민어의 90% 이상이 산지에서 즉사한 선어 횟감이 된다.

그런데 최근에는 민어를 살리는 기술이 발달하여 활민어회를 취급하는 업소가 늘어나는 추세다. 다만 활민어회를 맛보고자 하는 수요는 증가하는데 선어회만큼 공급이 원활하지는 않다 보니 가격이 그만큼 비싸다. 그렇다고 해서 꼭 활민어가 선어 민어보다 특출나게 맛이 뛰어난 것은 아니다. 활민어는 단단하고 쫄깃한 식감은 좋지만 숙성을 하지 않아 감칠맛이 약하기 때문이다.

민어는 그야말로 버릴 것이 하나도 없는 생선으로 잘 알려져 있다. 육지에서는 '소'가 머리, 발, 내장, 심지어 피까지 버릴 것 없이 쓰인다면 물고기 중에서는 민어가 비슷한 역할을 한다. 특히 부레, 간, 껍질 같은 특수 부위는 민어회의 최고 별미로도 꼽힌다. 그중에서도 민어의 부레는 지방층이 두껍게 발달하여 미식가들에게 가장 인기 있는 부위다. 처음에는 마치 치즈를 먹는 듯하다가 나중에는 껌처럼 씹히는데, 계속 씹다 보면 굉장히 고소한 맛이 난다. 민어의 내장 기관은 아무래도 살보다 빨리 부패하기 때문에 민어 부레는 활민어로 먹을 때 가장 좋다. 민어는 주로 여름 보양식으로 잘 알려져 있지만 그만큼 복날에는 수요가 늘고 값이 크게 오른다는 단점이 있다. 오히려 겨울에서 봄 사이에는 월동을 나고 기력을 보충한 민어들이 잡히기 때문에 맛도 좋고 가격도 저렴하다.

알고 나면 먹을 수 없는
수산물

국민 술안주
노가리의 진실

제철을 알고 먹으면 더 좋은 수산물도 있지만 반대로 제대로 알고 나면 사 먹을 수 없는 수산물도 있다. 다름아닌 어족 자원의 문제 때문이다. 대표적으로는 노가리가 있다.

술안주로 즐겨 먹는 노가리는 어린 명태를 말린 것을 말한다. 명태는 국민 생선이라고 불릴 만큼 1970년대에서 1980년대 초까지 우리 바다에 많이 서식했다. 그런데 1980년대 후반부터는 동해안의 수온이 상승하면서 명태 자원이 고갈되기 시작했다. 거기에 어린 명태를 과도하게 잡아들이면서 명태 수가 급속도로 감소했고, 지금은 우리나라 바다에서 명태가 아예 멸종되어 버린 상태다. 그래서 우리가 먹는 노가리는 국내에서 난 것이 아니라 바로 러시아에서 온 것이다.

지금 더 주목해야 하는 것은 바로 '대구 노가리'다. 최근 쇼핑몰이나 오프라인 매장에서는 주로 '앵치 노가리'라고 부르는 대구 노가리를 많이 판매한다. 어른 손가락만 한 크기의 작은 대구 새끼를 말려 가공한 것인데 한입에 먹기 좋은 크기에 살도 연해서 인기가 많다. 우리가 먹는 대구 노가리의 약 70%는 중국산, 30%는 러시아산이다. 대구 자원은 러시아 쪽의 차가운 북태평양에 많이 몰려 있어서 중국산도 사실상 중국 어선이 러시아 해역에 가서 잡아 오는 것이다.

문제는 이 중국 어선들이 1년생이 될까 말까 한 대구 치어들을 싹쓸이하여 유통하고 있다는 점이다. 새끼 대구를 가장 많이 소비하는 나라가 바로 한국이기 때문에, 이렇게 잡아들인 새끼 대구는 대부분 한국으로 수출된다. 물론 중국 어선이 잡아 국내로 수출한 대구 노가리는 우리나라에서 유통하거나 먹더라도 법적 제재 대상이 되지는 않는다. 다만 미래의 대구 자원이 사라질 수도 있으니 자원 보호 차원에서 먹기 전에 한 번쯤 생각해 보는 것이 좋지 않을까.

실제로 법적으로 문제가 되는 부분도 있다. 지금 우리나라는 대구 자원을 보호하기 위해 대구 몸길이 35cm 이상인 경우만 어획할 수 있도록 하고 있다. 그런데 우리나라 어선도 몸길이 30cm 이하의 어린 대구를 잡아 말려서 파는 곳들이

종종 발견된다. 전통적으로 노가리를 안줏거리로 선호한 오랜 문화가 있어 무심코 먹는 경우가 많은데, 이미 명태의 씨가 마른 지금 대구에 대해 같은 실수를 반복해서는 안 될 것이다.

총알오징어는 없다

자원 보호를 위해서 모든 치어를 다 먹지 않아야 하는 것은 아니다. 자원량이 너무 많거나 번식력이 좋은 물고기는 어린 물고기라 하더라도 법적으로 어획을 금지하고 있지 않다. 알배기도 마찬가지다. 우리가 흔히 먹는 명란젓도 전부 합법적으로 판매되고 있다.

인류는 아주 오래전부터 수렵과 사냥을 통해 물고기를 잡아 먹었는데, 여기에서 빠지지 않는 것이 알과 새끼였다. 알은 영양가가 풍부하고 새끼는 야들야들해 뼈째 먹기 좋은 식량이다. 그런 이유로 양육강식의 야생에서 알과 새끼는 늘 포식자의 표적이 되었다. 1만 마리의 알을 낳는다고 가정했을 때 그중 90%는 포식자에게 잡아 먹히고 나머지가 살아남아 번식한다. 하지만 인간이 여기에 숟가락을 얹어 과도한 남획을 하면, 제 아무리 번식력이 좋은 어종이라도 버텨 낼 재간이 없다.

해양수산부에서도 우려가 되는 몇몇 품목에 대해 금어기와 최소 몸길이(포획금지체장)를 지정했다. 국민 생선이라고 할 수 있는 갈치나 대구 등은 어린 물고기를 포획할 수 없고, 오징어도 마찬가지다. 흔히 총알오징어라고 부르는 작은 오징어도 별도의 어종이 있는 것이 아니라 바로 일반 오징어의 새끼를 뜻한다. 어린 오징어는 살이 연해서 내장째 통찜을 해 먹는 것이 매우 인기를 끌었는데, 수요가 늘어나면서 오징어 자원이 급격히 줄어들었다. 엎친 데 덮친 격으로 중국 배들까지 가세해 북한 해역에서 우리나라로 내려올 오징어를 싹쓸이해 가니 자원량에 큰 타격을 입은 상태다. 가뜩이나 지구 온난화로 수온이 오르면서 오징어의 어장이 줄어들거나 이동하고 있는데, 무리한 남획으로 오징어 자원이 더욱 부족해진 것이다.

2016년 이전까지는 오징어 수확 금지 체장이 아예 없었다. 그런데 그 무렵 총알오징어의 유행이 번지고 어획량이 줄어들면서 해양수산부가 급하게 오징어의 머리 끝부터 몸통까지의 길이가 12cm 이하일 경우 잡지 못하도록 어획을 금지했다. 다만 실제로는 12cm를 초과하는 어린 오징어들도 많다 보니 체장의 기준이 적합하지 않다는 문제 제기가 지속적으로 이루어졌다. 결국 2021년부터는 오징어 포획 체장이 15cm로 상향 조정됐다.

한 가지 덧붙이자면, '총알오징어'라는 명칭 자체에도 문제가 있다. 현행법상 원물의 명칭을 임의로 만들어 판매하는 행위에 대해서는 어떠한 법적인 제재도 없다. 하지만 직관적으로 알 수 있는 '어린 오징어'라는 명칭과 달리 '총알오징어'

는 마치 다른 오징어 종처럼 느껴져서 소비자도 거리낌없이 소비하게 된다. 심지어 지금은 15cm가 넘는 오징어도 '총알 오징어'라는 이름으로 판매되고, 최근에는 어린 문어를 '총알 문어'라고 판매하는 사례도 늘어나는 추세다. 총알오징어가 어린 오징어라는 사실을 모르는 소비자도 많다. 임의로 붙이는 명칭을 두고 정책적인 고민과 제재가 필요한 시점이다.

간장게장을 담글 때
기억해야 하는 것

대게와 홍게가 알을 배서 배가 빵빵하게 부푼 걸 '빵게'라고 한다. 즉 빵게는 모두 암컷이다. 그런데 법적으로 암컷 대게와 암컷 홍게는 1년 내내 포획이 금지되어 있다. 대게와 홍게는 산란 기능을 가지는 몸이 되려면 무려 6~7년의 기간이 필요한데, 많은 암컷이 포획되어 번식 순환 능력이 떨어지면 자연히 멸종의 길을 걷게 되기 때문이다. 그럼에도 2020년부터 2021년까지 빵게를 1만 2천 마리 넘게 무더기로 불법 조획하여 팔아 치운 조직원이 적발된 일도 있었다. 우리가 시중에서 대게 암컷을 먹었다면 이 역시 불법 밀수 유통된 경우다.

반면 꽃게는 산란기인 6월부터 8월까지는 포획이 금지되어 있지만 그 외에는 포획할 수 있다. 대게와 홍게는 번식까지

7년이라는 긴 시간이 필요하지만 꽃게는 보통 1~2년 정도 살고, 1년이면 다 자라서 알을 낳아 번식 순환이 되기 때문이다. 그래서 우리가 먹는 암꽃게는 산란기를 앞둔 3월부터 6월 봄철에 잡히는 암꽃게들이다. 산란을 준비하는 과정에서 포획하므로 몸통에 들어 있는 건 알이 아니라 몸집이 커진 난소다.

다만 꽃게 중에서도 소비를 지양해야 하는 종류가 있는데 바로 '삼각꽃게'다. 삼각꽃게는 배를 뒤집어 보면 배딱지에 삼각형이 보인다. 시장이나 어업 현장에서는 '사시랭이'나 '삼각게'로 불리기도 한다. 삼각꽃게는 한마디로 특정 꽃게의 종이 아니라 그저 덜 자란 청소년 꽃게다. 꽃게는 1년이면 다 성장하지만 삼각꽃게는 대략 5개월밖에 자라지 않은 개체라고 보면 된다. 이후에 수컷과 짝짓기를 하면 삼각형이었던 배딱지가 암컷처럼 둥글게 변하는 것이다.

삼각꽃게는 크기가 작아도 살과 장이 꽉 차서 상품성이 좋다 보니 별미로 여겨지고, 특히 껍질이 부드러워 간장게장을 담글 때 이용하는 분들이 많다. 하지만 우리나라는 꽃게 자원 보호를 위해서 암컷이든 수컷이든 삼각꽃게든 갑장의 길이가 6.4cm 이하면 포획을 금지하고 있다. 물론 불법 조업을 하는 것도 잘못이지만, 오랫동안 수산물을 즐기기 위해서는 소비자로서 생태계를 위해 어떤 수산물을 선택하고 소비해야 할지 제대로 아는 것도 중요하다.

수산시장에서
호갱되지 않는 법

불편한 수산시장

우리나라 수산시장에서 불쾌한 경험을 했던 분들이 적지 않다. 심지어 전문가인 김지민 씨도 약 2년 전 수산시장에 갔다가 저울치기 사기를 당한 적이 있다. 2.5kg짜리 생선을 사왔는데, 집에서 다시 재 보니 1.5kg밖에 안 됐던 것이다. 이렇게 중량을 원래보다 부풀려 금전적 이득을 취하는 것이 전형적인 수산시장의 가격 부풀리기 수법이다.

요즘에는 많이 알려졌지만 대부분의 사람이 생선에 대해 육고기보다 해박하지 않다 보니 저울치기를 당하고도 모르는 경우가 생긴다. 물론 애초에 상인들이 하지 말아야 하는 속임수인데, 소비자들이 잘 속다 보니 아직도 이런 잘못된 상행위

3부 — 일상 속의 즐거움, 문화 수업

를 계속하는 사람들이 있다. 수산시장의 흔한 저울치기 방식은 수동 저울에 생선을 담은 바구니를 툭 올리면서 손을 대고 살짝 누르는 행동이다. 비슷한 수법으로 손 대신 꼬챙이로 누르기도 하고, 뜰채로 생선을 떠서 뜰채째로 저울에 올리기도 한다.

방식이 너무 고전적이고 티가 많이 나다 보니 언젠가부터는 더 교묘해졌는데, 바구니에 생선을 담아 저울에 올리면서 바구니 무게는 빼지 않는 것이다. 손님이 지적하면 빼 주긴 하지만 이때도 터무니없이 적은 무게만 빼기도 한다. 우리가 흔히 보는 빨간 바구니는 600~800g, 더 무거운 바구니는 1.5kg를 넘는 것도 있다. 손님이 요구하기 전에 상인이 저울의 영점을 확인시켜 주면 가장 좋겠지만 그렇지 않다면 영점을 꼭 확인해야 한다.

바구니가 아니라 다른 것으로 무게를 부풀리는 경우도 있다. 흔히 킹크랩, 대게, 꽃게를 담을 때 많이 쓰는 수법인데 물이 담긴 통을 사용해서 물 무게까지 재는 것이다. 수산물에 물을 흠뻑 묻혀서 거의 물과 함께 퍼담듯이 재빨리 통에 담아 버리는데, 이렇게 담긴 물 무게도 무시할 수 없다. 수동 저울이 아니라 전자 저울도 예외는 아니다. 전자 저울의 기둥에 케이블 타이를 둘러 놓고 바구니를 케이블 타이 밑에 끼워 넣듯이 눌리게 하는 수법도 있다. 바구니가 살짝만 껴도 중량이 쉽게 올라가기 때문에 눈으로 확인하는 것이 좋다.

바구니를 올렸을 때 저울의 영점을 맞춰 달라거나 통에 담긴 물을 버려 달라고 말하는 건 엄연한 소비자의 권리다. 이를 요구했을 때 기분 나쁜 티를 내는 상인들은 결국 제 살을 깎아 먹는 것이다. 이렇게 소비자를 기만하는 행위는 장기적으로 반드시 득보다 실이 많은 결과로 이어지게 된다.

우리나라 수산시장의 심한 호객 행위는 전부터 꾸준히 문제로 제기되었다. 입구에서부터 상인이 다짜고짜 생선을 꺼내서 보여 주고 말을 걸면 자신 때문에 시간을 쓴 게 미안해져서 엉겁결에 뭐라도 사게 된다. 하지만 소비자는 단순히 자신이 가지고 있는 당연한 권리 두 가지를 행사하면 된다. 사지 않을 권리, 그리고 거절할 권리다.

호객 행위를 최대한 방지하고 싶을 때 제일 중요한 건 분명한 목적을 가지고 방문하는 것이다. 수산시장에서 호객하기 제일 쉬운 사람은 바로 '뭘 살지 모르는 사람'이다. 물론 그냥 방문해서 '추천해 주세요'라고 해도 적절히 잘 골라 주는 상인도 있지만, 상인 입장에서는 수조에서 곧 죽을 것 같은 생선을 '재고 처리' 하고 싶은 마음이 들 수도 있다. 그래서 사전에 뭘 먹을 건지, 양은 얼마나 먹을 건지 정도는 미리 정해 두고 가는 것이 좋다. '4명이 먹을 거고, 광어로 주세요' 혹은 '광어 2kg 하나 떠 주세요' 정도만 말해도 충분하다.

다만 육고기는 자신이 먹는 양을 쉽게 가늠하는 데 비해 수산물은 1인분의 양이 얼마나 되는지 어려워하는 분이 많다. 그럴 때는 원물 400g이 대략 1인분이라고 기억해 두자. 예를 들어 광어는 순살이 50% 정도 나오기 때문에 1.2kg 한 마리를 잡으면 회로는 600g 정도다. 보통 1인당 200g 정도 먹기 때문에 셋이서 한 마리를 먹으면 어느 정도 적당한 양이 된다. 만약 우럭이나 도미처럼 머리가 큰 생선을 먹는다면 순살이 30% 정도밖에 나오지 않기 때문에 1인 500g 정도를 기준으로 두어야 한다.

우리만의 독특한
수산시장이 가진 가능성

유튜브로 수산시장의 저울치기나 호객 행위를 영상으로 알리고 재발을 막으려 애쓰는 과정에서 일부 상인들에게 각종 비난과 협박을 받은 일도 있었다. 수산시장 내 부적절한 거래 형태에 대해 알리고자 했던 의도를 오해하신 몇몇 분이 심한 언행을 하신 것이다. 하지만 그럼에도 수산물과 수산시장에 대해서 꾸준히 알리고자 하는 이유는 딱 하나다. 수산시장이 지금보다 더 발전해서 상인과 소비자가 서로 상생할 수 있길 바라기 때문이다. 그러기 위해서는 문제점을 눈감는 것이 아니라 같이 고쳐 나가야만 한다.

이를테면 소비자들이 수산물에 의구심을 품지 않도록 바

구니를 통일해 저울 무게의 투명성을 유지하고, 원산지와 가격을 명확히 써서 붙여 놓으면 소비자들의 편의가 훨씬 올라갈 것이다. 가격 정찰제를 도입하여 그날 어종의 시세를 전광판에 한눈에 보여 주거나 가게마다 통일된 가격표를 써서 붙여 놓는 것도 좋다. 이런 제도를 도입하면 소비자도 좀 더 마음 편하고 여유롭게 수산시장을 구경할 수 있고, 수산물의 재미와 매력을 느껴 이곳을 찾는 분이 더 많아지지 않을까? 4~50대 중장년층뿐 아니라 MZ 세대까지 수산시장으로 불러들이기 위해서는 수산시장의 변화가 꼭 필요하다.

속초에 있는 설악항 회 센터는 무게로 계산하지 않고 한 바구니에 다양한 횟감을 구성하여 몇만 원 단위로 판매한다. 애초에 저울치기에 대한 스트레스를 받을 필요가 없는 시스템이다. 하지만 집집마다 가격과 구성 차이, 또 흥정의 차이가 조금씩 있으니 잘 비교하는 게 좋다. 여수 수산시장도 호객 행위가 전혀 없어 쾌적하게 둘러보기 좋은 곳이다. 삼척에 있는 번개시장은 아침장만 열리는데, 현지에서만 볼 수 있는 싱싱한 해산물이 가득한 것은 물론이고 가격도 저렴하니 한번 방문해 보아도 좋다.

우리나라는 세계 어느 나라보다 활어회 문화가 발달했기 때문에 한국에 오면 꼭 경험해 봐야 하는 문화나 관광지로 수산시장 자체를 흥미로워하는 외국인이 많다. 우리만의 독특하고 재미있는 수산시장 문화를 가지고 있으니 여기에 조금의

긍정적인 변화만 더한다면 수산시장이 더욱 부흥할 수 있는
가능성은 충분하다.

더 나은 삶을 위한,
인생 철학 수업

4부

인생을 살면서 한계에 부딪치고 좌절할 때, 그때마다
불가능을 가능으로 바꾸고 한계를 뛰어넘게 하는
힘은 무엇일까. 나를 믿고 끝인 줄 알았던 경계선에서
다음으로 넘어가는 가능성을 0%에서 단 1%로 만드는
순간, 우리 삶에는 마술 같은 일들이 벌어진다. 그러니
지금 내가 닿을 수 있는 곳이 한계라고 생각하기 전에
마술이 던지는 질문에 답해 보자. 또 다른 가능성은
무엇인가?

1강 | 내 삶에 마법을 일으키는
질문

이은결, 유호진
마술사

이은결
마술사

마술 불모지였던 한국에 '마술 붐'을 불러일으킨
장본인. 2003년 FISM 종합 2위, 매니플레이션
부문 2위를 차지했으며, 곧이어 2006년 FISM 월드
챔피언쉽 제너럴 매직 부문에서 1위를 거머쥐었다.
많은 방송 활동과 꾸준한 공연을 통해 사람들을
환상의 세계로 초대한다.

유호진
마술사

2012년 영국에서 열린 FISM 월드 챔피언쉽
매니플레이션 부문에서 스무살의 나이로 최연소 1위,
스테이지 부문 그랑프리를 차지하며 이름을 알렸다.
이후 〈아메리카 갓 탤런트〉 시즌 17에 출연해
준우승을 차지하기도 한 세계 최정상급 마술사이다.
인기 프로그램 〈더 매직스타〉에서 당당히 최종
우승을 하며 국내 마술 붐을 다시 불러일으켰다.

가능성을 0%에서
1%로 만들어라

'할 수 없다'를
'할 수 있다'로 바꾸고 생긴 일

　　이은결은 자신을 '일루셔니스트(Illusionist)'라고 소개한
다. 기존에 우리가 알고 있는 '마술사'는 초월적인 힘을 다루
는 듯한 마술 그 자체를 목적으로 삼아, 불가능한 것을 가능하
게 하는 신기함을 추구한다. 한편 일루셔니스트는 마술을 하
나의 표현 수단으로 활용한다. 자신이 세상을 바라보는 관점
을 표현하는 것이 목적이기 때문에 마술이란 언어를 통해 자
신을 표현하고 메시지를 던진다. 즉 마술이 회화라면 일루션
은 미술, 좀 더 확장된 세계관을 뜻한다.
　　어린 시절의 이은결은 자신이 마술을 통해 많은 사람을

자신의 세계에 초대하고 말을 건네는 사람이 되어 있을 줄 전혀 몰랐다. 소심하고 내성적인 성격이라 스스로 대단한 일을 할 수 있는 사람은 아니라고 생각했다. 그러다 중학생 시절 부모님의 권유로 마술 학원에 다니게 됐고, 스무살이 된 2001년에는 일본 UGM 컨벤션(당시 월드매직세미나 인 재팬) 국제 매직 콩쿠르에 처음으로 도전하게 되었다.

어찌 보면 인생에서 가장 과감한 첫 도전이었다. 그런데 '설마' 하는 마음으로 출전한 대회에서 첫 우승을 차지했다. 그 최초의 성공 경험은 놀랍고 짜릿했다. 이은결은 그때 인생의 커다란 변환점을 맞이하게 된다. '할 수 없다'는 생각이 '할 수 있다'는 생각으로 바뀌게 된 것이다. 관점이 바뀌었더니 하고 싶은 일이 많아졌다. 아무도 가지 않은 길이라도 원한다면 언제든 시도할 수 있다는 걸 알게 된 것이다.

그 후로 국내 마술사의 한계를 깨기 위해 노력하면서, 2006년에는 'FISM'에 출전해 '제너럴 매직' 부분에서 한국인 최초로 1위를 거머쥐었다. FISM(Federation International Society Magic)은 다양한 마술 대회 중에서도 마술계의 올림픽이라고 불리는 가장 권위 있는 대회다. FISM을 '올림픽'이라고 부르는 이유는 대회 내에도 각 종목이 존재하기 때문이다. 오리지널리티와 콘셉트가 중요한 '제너럴 매직' 외에도 스테이지 일루전, 코미디 매직, 마이크로 매직, 팔러 매직, 카드 매직, 멘탈 매직 등의 여러 종목이 있고, 각 종목마다 1~3위를 뽑는다.

FISM은 1948년에 프랑스 파리에서 처음 시작해 각국을 거치며 3년에 한 번 개최하는데, 본선 진출조차 쉽지 않다. 각 나라에서 치르는 예선전에서 우승한 단 150명만이 본선에 진출할 수 있기 때문이다. 이은결은 어느 순간 자신이 대단한 일을 할 수 없는 사람이라고 생각했을 때는 상상조차 할 수 없었던 곳에 도착해 있었다. 가능성을 믿으면 현실이 될 수 있다는 사실을 몸소 증명한 셈이다.

모두가 안 된다고 했던
소년이 다다른 곳

FISM에서 가장 영광스러운 상은 전체 종목을 통틀어 가장 뛰어난 마술을 선보인 마술사에게 주는 '그랑프리'다. 이은결을 무대를 보고 꿈을 키워 지금은 세계적인 마술사로 거듭난 유호진이 바로 2012년 영국에서 열린 FISM '매니플레이션' 부문 1위, 그리고 대상 격인 그랑프리의 주인공이다.

유호진은 부모님의 심한 반대를 무릅쓰고 화장실에 숨어서 연습할 만큼 마술사라는 꿈을 향한 열망이 컸다. 2005년부터 온갖 대회에 나갔지만 예선에서 전부 탈락해 주변에서 '매번 탈락하면서 왜 계속 출전하느냐'고 물을 정도였다. 그때마다 FISM에 나가고 싶다고 답했지만, 대부분의 사람에게 '거긴 아무나 가는 줄 아냐'는 비웃음만 돌아왔다.

가뜩이나 사춘기라서 반항심도 커지고, 마술을 반대하는 부모님과 마찰이 생기며 한때는 방황도 했다. 학교를 빠지고, 담배에 손대고 오토바이를 타면서 네 번이나 전학을 다닐 정도였다. 그런데 마지막 학교에서 만난 선생님이 커다란 터닝 포인트를 만들어 주셨다. '학교에 나오지 않아도 괜찮다. 마술을 하고 싶다면 그걸 살려 보자'라며 유호진의 가능성을 믿어 주신 것이다. 그렇게 2010년에 이탈리아 세계 마술 대회에 나가서 그랑프리를 수상했다. 그때부터는 학교에서도 기사를 내면서 응원해 주었고, 그 응원은 스스로도 가능성을 믿고 나아가는 원동력이 되었다.

이후 FISM 우승 후에 유호진은 마술사에게 꿈의 공연이나 다름 없는 '디 일루셔니스트' 팀에 캐스팅 제안을 받았다. 영화 〈나우 유 씨 미〉와 흡사한 공연이라고 생각하면 금방 이해가 될 것이다. 각자 특기에 따라 캐릭터를 지닌 총 7명의 마술사가 공연을 한다. 야구처럼 1군인 '오리지널 멤버'와 2군인 '투어 멤버'로 나뉘어 있는데, 유호진은 처음에 투어 멤버로 들어갔다가 오리지널 멤버가 되어 브로드웨이 공연 기회까지 얻었다. 브로드웨이에서 공연을 할 때는 하루에 약 5천여 명씩, 열흘이면 거의 5만 명의 관객이 모인다. 대회마다 탈락을 거듭했던 소년, 다들 '안 될 것'이라고 말했던 소년이 기어코 다다른 곳이다.

서로의 가능성을 믿어 준
두 사람의 첫 만남

유호진이 2012년 FISM 출전을 목표로 하루에 13시간씩 연습에 매진하던 시절, 어린 마술사를 위한 대회가 열렸다. 그 대회의 MC가 이은결이었다. 이은결은 당시 17살이던 유호진의 대기실에 찾아와 공연 잘 봤다며 연습실에 한번 놀러 오라고 제안했다. 놀라고 기쁜 마음에 바로 날짜를 정하고 연습실에 찾아갔는데, 막상 마술을 본 이은결의 반응은 충격적이었다. "싸구려 같은데?"라는 가차 없는 한마디를 시작으로 거침없는 독설을 쏟아 낸 것이다.

하지만 이은결은 유호진의 가능성을 보았고, 혹독한 피드백과 함께 FISM 그랑프리를 목표로 함께 준비해 보자고 제안했다. 마술을 준비할 때 어떤 생각을 하고 어떤 준비를 하는지부터 살폈다. 마술을 할 때 자기 공간을 위해 바닥에 천을 까는데, 고급스러워 보이도록 천부터 바꾸게 했다. 무엇보다 유호진의 원래 스타일대로 하는 카드 마술로 1등은 몰라도 그랑프리는 어렵다고 판단했다. 그랑프리를 위해 단순히 뛰어난 손기술이나 오리지널리티가 있는 현상, 테크닉을 만드는 데 그치지 않고 연기력을 갖추는 게 필수적이기에 새로운 시도가 필요했다.

예를 들어 조명 하나를 바라보더라도 뭔가를 상상하는 듯한 캐릭터를 연기해야 한다. 표현하는 행위에서도 손에서 카드가 짠! 나오는 게 아니라 어딘가를 바라보다가 그곳에서 가져오는 식의 스토리텔링을 보여 주는 것이다. 그러면 관객의 입장에서도 단순히 마술을 보는 게 아니라 '카드'라는 물건을 통한 '마술사의 상상'을 바라보게 된다. 또 '보이지 않는 선'이라는 개념을 만들어서 '그 선을 지나면 내가 쥐고 있는 것이 사라진다'는 새로운 표현을 만들어 내기도 했다.

그렇게 피드백을 주고받으면서 작업을 발전시키고, 마침내 유호진은 2012년 영국에서 열린 FISM에서 스무살의 나이로 역대 최연소 그랑프리를 탈 수 있었다. 당시에는 한국인뿐 아니라 아시아인은 그랑프리를 탈 수 없다는 암묵적인 벽이 있었다. 그런데 FISM이 시작된 지 64년 만에 그 벽을 깨고 역사상 최초로, 최연소 아시아인 마술사의 그랑프리 수상 기록을 달성하게 된 것이다. 유호진은 그랑프리를 수상하자마자 이은결에게 전화해 수상 소식을 알렸다. 이은결이 마술의 가능성을 발견하고 길을 열었다면, 유호진은 그를 통해 마술을 직업으로 삼을 수 있다는 믿음을 가지고 그 가능성을 실현한 산증인이었다.

실패를 디딤돌 삼아
한계를 돌파하라

영광의 순간에
머무르지 마라

유호진이 그랑프리를 수상하고 돌아온 지 일주일도 되지 않았을 때 이은결에게서 이천에 있는 연습실로 오라는 연락이 왔다. 고속버스에 지하철, 택시까지 3시간이 걸리는 길이었다. 항상 설레는 마음으로 연습을 하러 가던 길인데 그때는 '3시간은 너무 먼데?'라는 생각이 불쑥 들었다. 그래도 선배에게 축하받을 마음으로 연습실에 갔는데, 상다리 부러지는 진수성찬은커녕 다 식은 햄버거를 먹으라고 주는 것이었다. 내심 깜짝 이벤트라도 있는 건가 생각하며 햄버거를 먹었더니 이은결이 툭 한마디를 건넸다. "너 뭐 된 것 같지? 착각하지

마. 너 아무것도 아니야." 그렇게 햄버거만 먹고 멀뚱멀뚱 연습실을 나와 집으로 돌아왔다.

이은결이 후배 마술사의 가장 축하할 만한 빛나는 순간에 찬물을 끼얹은 데에는 이유가 있다. FISM 그랑프리를 수상하고 나면 전 세계에서 앞다투어 초청이 온다. 이은결 역시도 앞선 2006년 FISM에서 1등을 하고 나서 수많은 해외 페스티벌과 공연에 초청되어 다녔다. 그런데 그 행사를 끝내고 나오다가 충격적인 장면을 보게 되었다. 어릴 적 마술 대회에서 우승했던 쟁쟁한 마술사들이 공연장 앞에서 전대를 차고 소중한 마술 도구를 팔고 있던 것이다.

그들도 한때는 전 세계에서 초청받아 마술 공연을 펼치는 잘나가는 마술사였다. 하지만 국제 대회에서 1등을 하고 금메달을 따도, 순간이 지나면 금방 잊히는 것이 냉혹한 현실이다. FISM은 3년에 한 번 개최되기 때문에 3년 뒤에는 또 다른 스타가 탄생한다. 각광받던 마술사라고 해도 꾸준히 자기 공연을 개발하고 새롭게 선보이지 않으면 조금씩 자리를 잃게 되는 것이다. 그 모습을 보니 '내 것을 만들어야 살아남는다'는 생각이 강해졌다. 이은결은 이후 해외 게스트로 초청받아 공연을 다니던 것도 멈추고 '이은결'만의 공연을 만드는 데 더욱 집중했다.

후배 마술사인 유호진에게도 그런 초심의 중요성을 알려주고 싶었다. 최연소 그랑프리라는 명성에 취해 있으면 시간이 지나고 자신을 향하던 스포트라이트가 꺼졌을 때 크게 상실감을 느끼거나, 앞으로의 방향성을 잡지 못해 갈팡질팡할 수도 있다. 대회에서 우승한다고 해서 그날부터 인생에 탄탄대로가 펼쳐지는 것이 아니다. 영광의 순간은 찰나에 지나가고, 그 뒤에는 다시 나만의 새로운 것을 개발하여 다음 단계를 준비해야 한다. 마술뿐 아니라 어느 분야든 마찬가지다.

유호진도 그 말을 듣고 퍼뜩 정신을 차렸다. 그랑프리 수상 후 한창 유명세를 타면서 연예인이 된 것 같은 기분에 취해 있었는데, 영광의 순간에 머무른 채 자만해서는 안 된다는 현실을 깨달았다. 초심을 잃지 않고 여전히 앞을 보며 나아가야만 또 다음 영광의 순간을 만날 수 있다는 사실을 말이다.

좋은 것을 만들려면
실수가 많아야 한다

실시간으로 마술 공연을 하다 보면 당연히 돌발 상황이 생길 때도 있다. 마술에서는 음악도 연출의 일부인데 공연 중에 갑자기 음악이 멈춘 적도 있다. 그렇다고 우왕좌왕해서는 안 되기 때문에 음악 없이 마임하듯이 차분하게 공연을 이어 갔고, 상황을 이해하는 관객들은 더욱 응원을 보내 주었다.

유호진은 그 실수의 경험을 다시 연출로 활용하기도 했

다. 2018년 FISM에서는 유호진 마술사가 전 세계 120개국에서 온 약 2천여 명의 마술사들 앞에서 공연하던 중 음악이 뚝 끊겼다. 절대 실수해서는 안 되는 중요한 공연에서 음악이 꺼졌으니 다들 당황했는데, 그 고요한 정적 속에서 차분히 공연이 이어졌고 관객들 모두 기립박수를 쳤다. 실수처럼 보였지만 사실 이조차도 긴장감과 몰입감을 불어넣기 위한 의도적인 연출이었다.

이은결은 오히려 '연습할 때 실수를 많이 해야 한다'고 이야기한다. 실제 공연 도중에도 얼마든지 실수가 생길 수 있으니 그런 상황을 대비한 다양한 시뮬레이션이 필요하기 때문이다. 미리 여러 가지 옵션을 만들어 두면 실제 상황에서 당황하지 않고 대처할 수 있게 된다. 예를 들어 이은결은 공연할 때 무대 뒤에 '몇 분 걸림'이라고 적힌 물병을 미리 배치해 둔다. 문제가 발생하여 팀원이 이 물병을 가져다 주면, 늘 무대 옆에 놓아 두는 스페어 박스를 활용하여 다른 마술을 선보이면서 시간을 번다.

물론 열심히 준비한 공연에 실수가 생기면 속상하고 짜증나는 마음이 드는 것도 당연하다. 하지만 실수는 의도와 상관없이 언제든지 생길 수 있다. 실수를 활용해 공연을 더 극적으로 연출하고, 실수에 대비한 방안들을 더 철저히 준비하면 실수도 좋은 공연을 만들기 위한 발판이 될 수 있다. 더 좋은 것을 만들려면 오히려 그 과정에서 실수가 많아야 한다.

안주를 깨고
새롭게 날아오르자

참가자들이 다양한 재능과 끼를 선보이는 유명한 공개 오디션 프로그램 '아메리칸 갓 탤런트'에서 전 세계를 놀라게 하는 무대를 선보였던 유호진은 사실 오랫동안 출연 제의를 고사했다. 2016년에 한 번 게스트로 출연한 이후 4년 동안 꾸준히 참가 제안이 왔으나 당시에는 투어 공연을 다니고 있어 시간이 없기도 했고, 또 지금도 멋진 마술사들과 공연을 하고 있는데 굳이 새로운 무대에 오를 필요가 있을까 싶었던 것이다.

그러다가 2019년 2월의 투어를 마지막으로 군입대를 결정했는데, 그때 딱 코로나 19가 터지면서 모든 공연이 중단되었다. 해군 홍보단에 '마술병'으로 입대했기 때문에 군 복무 중에도 계속 마술을 준비할 수 있는 상황이었고, 뭔가 새로운 나만의 작품을 만들어 봐야겠다고 생각했다. 그 시기에 마침 '아메리칸 갓 탤런트'에서 또 다시 출연 제의 연락이 왔다. 어차피 공연을 할 수 없는 시기였기에 '아메리칸 갓 탤런트' 무대를 목표로 다섯 개의 라운드에 맞춘 다섯 개 작품을 만들어 보기로 결심했다.

보통 마술 작품 하나를 구상하고 실제로 공연하기에 이르기까지는 못해도 1년여의 시간이 걸린다. 하지만 군대에 있는 동안 이를 악물고 대여섯 개의 작품을 만들어 냈고, 제대한 후

바로 이은결을 찾아가 연습한 영상에 대한 피드백을 받았다. 그리고 어김없이 혹독한 피드백을 거름 삼아 마침내 '아메리칸 갓 탤런트' 무대에 오르게 되었다.

이미 세계 최고의 팀에서 공연하고 있으니 1라운드 정도는 무난히 넘어갈 줄 알았는데 결과는 충격적이었다. 액자와 깃털을 활용해 구성한 무대를 보고 객석에서는 환호 소리가 들렸지만 심사위원 중 독설가로 유명한 사이먼이 가차없이 'X'를 주며 '사람들이 왜 좋아하는지 모르겠다'는 혹평을 던진 것이다. 통과를 하긴 했지만, 한동안 관객들의 넘치는 사랑과 기립박수만 받다가 누군가 'NO'라는 반응을 보였다는 사실이 부끄럽고 당혹스러웠다.

그래서 2라운드를 준비하는 동안에는 더 부담스럽고 스트레스도 많이 받았다. 사이먼의 마음도 돌려야 하고, 프로듀서는 준비한 무대가 밋밋하고 루즈하다는 반응을 보이니 막막했다. 사실 방송과 마술은 서로 지향하는 바가 다를 수 있다. 마술사는 방송을 모르고, 프로듀서도 정적이고 단순해 보이는 마술이 오히려 고난도일 때의 차이를 잘 모른다. 그러다 보니 하나의 프로그램을 준비하는 게 더 어려울 수밖에 없었다. 한 번은 정말 못하겠다 싶어 이은결에게 전화해 하소연했더니 단호한 조언이 돌아왔다.

"야, 지금 세계 최고의 팀이랑 일하고 있는데 파이널 올라가서 우승하면 네 세상이야. 일단 그냥 해!"

그렇게 마음을 다잡고 다음 라운드를 넘겨 마침내 2주간의 준비 기간을 거친 파이널 무대를 앞두고 있었다. 연이어 밤새 새로운 아이디어를 현실로 만드는 작업을 하면서 매 순간 수십, 수백 개의 한계에 부딪친 시간이었다. 심지어 출국 직전까지도 파이널 작품이 완성되지 않아 팀원들과 미국 가는 비행기 안에서 회의를 계속할 정도였다.

그런데 그렇게 겨우 새로운 걸 만들어 갔더니, 마지막 리허설 중 무대 가운데 조명이 안 들어오는 것이었다. 마술 특성상 조명이 없으면 아무것도 보이지 않는 상황이었다. 생방송이 불과 30분밖에 남지 않은 상황에서 정신줄을 붙잡고 또 새로운 마술을 짜기 시작했다. 때가 되니 방송은 시작해 버렸고, 유호진의 순서는 11명 중에서 열 번째였다. 여덟 번째 참가자가 무대에서 공연하고 있을 때 겨우 마술을 완성시킬 수 있었다. 그렇게 겨우 아찔하게 파이널을 치렀다. 그동안 수없이 연습하고 고민하던 시간, 또 함께 견디며 한계를 뛰어 넘은 사람들이 있어서 무사히 무대에 설 수 있었다. 파이널 무대를 본 사이먼은 지금까지 자신이 잘못 생각했다면서 극찬을 보냈다.

유호진에게 '아메리칸 갓 탤런트'는 안주에서 벗어나 새로운 한계에 부딪치는 도전이기도 했지만, 한편으로는 그동안의 고집을 깨는 경험이기도 했다. 그동안은 예술로서의 마술을 공연하듯 천천히 보여 주고 싶다는 욕심이 있었는데, 짧은 시간 동안 빠른 전달이 필요한 TV쇼에서는 또 다른 공식의 마술이 필요했던 것이다.

　누구나 '도전해 봐'라는 말은 할 수 있지만 새로운 도전이 늘 성공을 장담하지는 않는다. 그럼에도 도전하여 내 한계를 넘고 성공에 이르는 전략은 지금까지 맞닥뜨린 수많은 실수와 실패를 자기 것으로 만드는 일에 달려 있다. 생각대로 되지 않았을 때 멈추면 그걸로 끝이지만, 계속 이어 가면 그건 시도하는 과정에서의 시행착오일 뿐이다. 계속하기만 한다면 실패는 자신의 한계를 깨는 발판이 되고, 그때 우리는 또 다른 세계의 문을 열고 나갈 수 있다.

마술의 한계를 뛰어넘어
새로운 장르를 모색하다

새로운 걸 하려면
잘하거나, 달라야 한다

마술 공연을 흔히 '매직쇼'라고 하는 이유는 마술을 쇼잉하기 때문이다. 각각 자신의 마술을 옴니버스식으로 보여 주고 가장 임팩트 있는 것은 앞뒤로 배치한다. 그런데 당시 '매직쇼'라는 단어가 진부하게 느껴졌던 이은결은 '매직 콘서트'라는 타이틀을 만들어 공연하기 시작했다. 짜여진 공연이 아니라 콘서트처럼 생동감 있고 즉흥적인 분위기의 공연을 만들어 보고 싶었다.

그런데 10주년이 되었던 2007년 무렵, 매직 콘서트에 대해서도 어떤 한계를 느꼈다. 공연은 매번 성황리에 끝났지만 그다음은 무엇일까? 세상에는 자극적이고 스펙터클한 영상이 쏟아져 나오고, 사람들이 마술을 보는 시선도 더 이상 순수한 호기심이 아니다. 이제는 '보여 주기 위한 마술'에서 탈피해야겠다는 생각이 들었다. 그래서 단순히 보여 주는 데서 그치지 않고 표현하는 단계, 외형적인 것에서 내면을 표현하는 단계로 진화시키며 '일루션'이라는 세계관을 만들기 시작했다.

'마술'의 고정된 가치이자 기준은 '얼마나 신기한가', '얼마나 불가능한 일을 해내는가'라고 할 수 있다. 일명 '입증의 마술'이다. 여기에 새로운 기술, 새로운 가치를 더하면 어떨까. 단순히 신기한 현상을 보여 주는 것을 넘어서 그 표현을 전달하기 위한 연출에 집중하고, 또 보는 사람이 각기 다르게 해석할 수 있는 여백을 만들어 내 풍성한 메시지를 전달하는 것이다. 이를테면 유리잔이 초월적인 힘에 의해 저절로 깨지는 현상을 보여 주는 건 신기한 마술이지만, 음주 운전하는 상황을 연출한 상태에서 유리가 깨지면 '한 잔쯤이야'라는 의식이 사고를 부를 수 있다는 메시지를 전달하게 된다. 마술을 수단으로 삼아 이야기를 건네는 셈이다.

새로운 장르를 개척하는 건 성공과 실패의 가능성을 공평하게 가지고 있는 일이다. 하지만 그럼에도 해야만 한다고 생각했다. 자신의 가능성을 믿기로 한 것이다. 세상이 요구하는 대로 따라가다 보면 어느 순간 자기 색깔을 잊어버리고 한계 안에 갇히게 된다. 자신이 꿈꾸는 세계를 보여 줄 수 있다는 확고한 믿음을 지닌 채 앞으로 나아가는 수밖에 없다.

확고한 믿음 후에는 선택의 순간이 온다. '잘하거나', '다르거나'다. 마치 스포츠 경기처럼 기존의 기준에 따라 누가 얼마나 더 잘하는지 평가받을 수도 있을 것이고, 혹은 아예 새로운 기준을 만들 수도 있다. 일류가 되려면 기존과 다른 자신만의 것을 만들어야 한다. 이은결은 그렇게 마술을 언어 삼아서 이야기하는 사람, 마술로서 자신만의 또 다른 장르를 만들어내는 일루셔니스트로서의 새로운 장을 열었다.

가능성을 믿으면
한계란 없다

마술은 의심이 허용되는 거의 유일한 예술이 아닐까? 마술사는 믿음을 강요하지 않는다. 해석은 오로지 관객에게 달렸고, 어떤 방식으로 즐기든 이는 관객의 몫이다. 다만 한국에서는 아직 공연에서 이해할 수 없는 마술이 나올 때 대체 어떻게 한 거냐며 대뜸 화를 내시는 분들도 있다. 해외 관객들은 그런 경우에 보통 일어나서 기립박수를 친다. 해외 관객들도 물론 트릭이 궁금하겠지만, 공연의 한 부분이라고 생각하고 넘어가는 것이다.

공연을 즐기는 문화적 차이 때문인지 아직 한국에서는 마술사들을 향한 기회의 문이 많지 않다는 점이 아쉽다. 마술에는 크게 두 가지 스타일이 있다. 불가능을 강조하는 '초월주의' 흐름의 마술, 또 하나는 표현과 연출을 중점으로 하는 '형식주의' 즉 퍼포먼스 스타일이다.

전자의 마술은 조명이나 음향이 필수적이지 않고 따로 분위기를 연출할 필요가 없어 방송이나 유튜브 등의 매체를 통해 쉽게 접할 수 있다. 하지만 퍼포먼스 스타일은 무대나 조명, 무엇보다 분위기가 중요하다 보니 막상 공연을 보여 줄 무대나 매체가 많지 않은 편이다. 새로운 것을 창작해도 보여 줄 창구가 없다 보니 공연 시장에서도 어떤 기대치나 수요가 적을 수밖에 없다. 그래서 우리나라 마술은 어느 장소에서도 할 수 있는 행사 무대를 위한 오락 마술이 대부분이다.

그러다 보니 마술의 단면만 보고 전체를 판단하는 악순환이 이루어진다. 한국에도 세련되고 감각적인 창작을 하는 일루셔니스트들이 생기고 있는데, 그들이 설 수 있는 무대는 많지 않다. 그러다 보니 다시 획일화된 마술이 고착될 수 있어 아직은 다양한 공연 문화를 위해 많은 노력이 필요한 단계다. 현실은 어렵지만 관객들이 마술을 더 깊게 즐길수록 더 많은 기회가 생겨날 테니 불가능하다고 여기지는 않는다.

일루셔니스트로서 제일 중요한 건 가능성에 초점을 맞추는 일이다. 불가능과 가능성은 대척점에 있는 듯하지만 사실 가능성은 새로운 길을 찾는 것이고, 불가능은 한계에 대한 것이기에 완전히 다른 주제에 가깝다. 자신의 가능성과 잠재성을 믿고 있을 때는 단 한 번의 기회만으로 내 생각과 인생이 완전히 바뀔 수 있다.

가능성을 믿으라는 말, 자신을 믿으라는 말은 막연하고 허황되게 느껴질 수 있다. 하지만 이는 단순히 자신감을 가지라는 뜻이 아니다. 자신에게 어떤 가능성이 있는지, 잠재성이 무엇인지 고민해 보라는 이야기다. 인생은 결국 끊임없이 가능성을 찾고 나아가는 과정이 아닐까. 마술은 우리의 무의식에 그 '가능성'에 대한 씨앗을 심고 말을 건네는 역할을 한다. 자신을 사랑하고 믿는다면 우리 삶의 무한한 잠재성을 반드시 발견할 수 있다고, 그리고 그 순간 우리는 한계를 뛰어넘게 될 것이라고 말이다.

어떤 종교에서든 절대자가 늘 정답을 제시하는 것은 아니다. 모양이 각기 다른 인생에 딱 들어맞는 완벽한 정답이 존재할 수도 없다. 대신 모든 답은 자신의 내면에 이미 들어 있기에, 그저 스스로에게 질문을 던져 탐색하기만 하면 된다. 이는 타인의 조언이나 가르침으로 얻을 수 있는 것과는 전혀 다른 깊이의 깨달음을 안길 것이다. 질문하지 않으면 자신의 답을 찾을 수 없다. 신은 물음표를 던질 뿐, 그에 답하는 것은 언제나 우리 자신이다.

갓생을
살고 있습니다

성진
스님

성진
스님

우연히 만난 스승에게 "너는 누구냐?"라는 질문을
받고, 그 답을 찾기 위해 출가한 지 32년 차가 된
대한불교조계종 남양주 성관사 주지 스님이다.
질문에 대한 답을 찾는 길에서 이웃 종교 성직자를
만났고, 그들과 함께 손을 잡고 종교의 담 밖으로 한
걸음 한 걸음 걸어가 보는 중이다. 현재 불교, 천주교,
기독교, 원불교 4대 종교가 뭉친 '만남중창단' 멤버,
한국종교인평화회의(KCRP) 종교 간의 대화위원장,
(사)종교인평화봉사단 이사, 대통령실불자회
동행법사, 대한불교조계종 미래세대위원 및
국제위원으로 활동 중이다. 저서로《종교는 달라도
인생의 고민은 같다》,《내 걱정 어디서 왔을까》,
《성진 스님의 행복 공양간》등이 있다.

깨달은 자,
부처에 가까이 가는 길

출가하고
스님이 되는 길

성진 스님의 '성진'은 부모님이 붙여 준 이름이 아니라 출가했을 때 은사 스님이 붙여 주신 법명이다. 이룰 성(成), 참 진(眞)을 써서 '진리를 이루거라'라는 뜻을 가지고 있다.

성진 스님뿐 아니라 법정 스님, 법륜 스님처럼 스님들이 모두 법명을 쓰는 데에는 이유가 있다. 석가모니 부처님이 인도에서 불교를 창시했을 때는 카스트라는 계급제가 있었다. 부처님은 이 계급을 깨고 '왕자든 이발사든 깨달음을 얻으면 누구나 부처가 될 수 있다'고 설파했다. 그런데 계급을 떠나 불교에 귀의했음에도 인도에서는 성씨만 들어도 계급을 추측

할 수가 있었다. 그래서 아예 이름을 버리고 그 대신 법명을 붙여 부르기 시작한 것이다.

스님이 되려면 어떻게 해야 할까? 성진 스님은 불교학과를 나왔지만 불교를 전공했다고 모두 출가를 하는 것은 아니다. 스님이 되려면 대학교가 아니라 절에 들어가서 먼저 행자가 되어야 한다. 이때 자기소개서, 이력서 등을 가져가서 성장과정과 가족 관계, 병력 등을 밝히고 채무 관계나 민형사상 관계까지도 깨끗이 정리되었는지 확인한다. 그 후에야 6개월 정도의 행자 생활이 본격 시작된다. 속세의 습관과 생활을 전부 버리는 시간이기 때문에 전 과정을 통틀어 가장 어렵고 힘들다. 말도 많이 하지 않고 묻는 말에만 '예', '아니오'로 대답할 수 있다. 아침 예불이 끝나면 매일 108배를 하고 스님들의 공양을 준비하며, 행사가 있으면 사다리에 올라 연등도 단다. 육체적인 강도로 따지면 군대 훈련병 수준에 가깝다.

행자 생활을 마치고 나면 승가대학교, 또는 강원이라고 하는 교육 기관에 들어간다. 김포에 중앙승가대학교가 있고 통도사, 해인사, 송광사 등의 큰 절에도 승가대학교가 있는데 여기서 4년간 공부하면서 수련을 하게 된다. 이렇게 승가대를 졸업한 다음에야 정식으로 승려증, 법계를 받을 수 있다. 스님이 된 다음에도 5년차, 10년차 등 5년에 한 번씩은 시험을 본다. 경전을 해석하는 문제도 있고 논술 시험도 있다. 또 스님들이 입는 회색 승복은 화려함을 피하고 모든 욕망을 끊어 고요해진 마음 상태를 표현하는 것이다. 앞뒤 네 개씩, 총 여덟 개의 큰 주름이 있다고 하여 '팔폭장삼'이라고도 한다. 주름 하나하나가 불법을 지키는 8명의 수호신을 상징하고, 넓은 소매는 문수보살, 관세음보살, 지장보살, 보현보살을 상징한다.

종교인은 '군종장교'로 군대에 가는데, 군대에서는 진정한 종교 대통합이 일어난다. 사회에서는 다른 종교인끼리 마주칠 일이 별로 없지만 군대에서는 서로 다른 종교인끼리 같이 생활해야 하기 때문이다. 그러다 보니 종교별로 다른 특성을 체감할 일도 많다. 레펠 훈련을 할 때 조교들이 사랑하는 사람 이름을 외치라고 하면 목사님은 아내 이름을 외치고 뛰어내리는데 스님들은 '관세음보살!', 신부님들은 '성모님!'을 외치고 뛴다. 족구를 할 때도 각 종교별 성향이 보인다. 스님들은 이기려고 하는 마음을 두지 않기 때문에 대개 심판만 본다. 종교가 달라도 서로 힘들 때는 도와주고 위로하며 다른 종교를 자연스럽게 이해하는 경험을 한다.

내 소임은 누구도 아닌
내가 해내야 한다

성진 스님은 현재 남양주 성관사에 주지로 임명받아 있지만, 일반 스님들은 자신이 수행하고 싶은 절에 직접 찾아다니며 자유롭게 이동할 수 있다. 공무원처럼 주기적으로 새로운 근무처로 발령이 나는 신부님에 비하면 스님들은 프리랜서 스타일이라고 볼 수 있다. 어떤 스님이 오늘 와서 짐을 풀었는데 내일 보면 그새 사라져 있을 때도 있다. 그래서 스님들은 6개월에 한 번씩은 교구에 자기 위치를 알려야 한다.

절에 모인 스님들끼리는 '대중공사'라는 회의를 통해서 절에 머무는 동안 할 일인 '소임'도 직접 정한다. '주지스님'의 '주지'도 절의 모든 관리와 운영을 책임지는 소임을 지칭하는 표현이다. 그 외에도 절의 안살림과 행자 교육, 행사 준비 등을 담당하는 '원주', 때에 맞춰 종을 치는 '종두', 목욕탕 관리를 책임지는 '욕두', 몸이 불편한 스님들을 돌보는 '간병', 밥을 짓는 '공양주' 등 다양한 소임이 있다.

중요한 건 자기 일은 절대 남이 대신 해 주지 않는다는 것이다. 전등을 켜고 끄는 소임을 맡은 스님이 깜빡하고 불을 켜지 않아도, 다른 스님이 대신 켜 주지 않고 그냥 어두운 방에 머문다. 여기에는 이유가 있다. 경전 〈사분율〉의 '나쁜 비구를 꾸짖는 법' 편을 보면 대중의 화합을 깨는 비구가 있어 모두 이를 나무라는데, 부처님은 꾸짖는 것만이 능사가 아니라고 하면서 스스로 참회하는 것의 중요성을 말씀하신다. 대중공사를 할 때도 부처님의 역할은 회의가 합당하게 진행되는지 살피고 스님들의 질문이 있을 때 이 내용을 정리해 주는 것이었다. 스님들은 합의를 통해 정한 나의 소임의 중요성을 알고,

누가 꾸짖거나 시키지 않아도 내 소임을 스스로 실행해야 한다. 자유롭게 지내면서도 어울려 살 수 있는 건 이처럼 자신의 소임을 다하기 때문이다.

깨달음도 지옥도
내 안에 있다

불경 한 구절에 담긴
삶의 진리

신도가 아니더라도 합천 해인사는 한 번쯤 가볼 만하다. 이곳에 일명 '팔만대장경'이라고 알려진 '고려대장경'이 있기 때문이다. 고려대장경은 불교 경전을 인쇄할 수 있는 목판으로 글자를 하나하나 파낸 것인데 무려 5,233만 152자나 된다. 목판을 만드는 장인들이 1년간 같은 글씨체를 연습하고 16년간 목판을 제작하였기에 수많은 글자의 글씨체가 모두 같다. 한 글자를 팔 때마다 절을 세 번씩 했는데, 모두 합치면 1억 5천만 배라고 한다. 엄청난 정성과 불심이 담긴 경전이다.

이 불경에는 놀랍게도 확실한 저자가 있다. 고려대장경은

4부 — 더 나은 삶을 위한, 인생 철학 수업

석가모니 부처님이 생전에 하신 말씀을 그 제자였던 '아난존자'가 기록한 것이다. 아난존자는 자신이 대표로 뛰어난 제자 500명을 모아서 각자 석가모니 부처님에게 들었던 말씀에 대한 기억을 맞추며 이 방대한 양을 기록했다. 이 작업을 '결집'이라고 부른다. 그래서 불경은 항상 '나는 언제 어디서 이렇게 들었습니다'라는 육하원칙에 맞춰 적혀 있다.

이 경전을 완독하고자 해인사에 40년간 머무르셨던 분도 있었지만, 사실상 스님들도 이 불경을 다 읽는 것은 불가능하다. 다만 한 구절에도 부처님의 말씀이 녹아 있기에, 한 구절만 선택하여 잘 읽어도 모든 경전을 읽는 것과 같다고 할 수 있다.

성진 스님이 특히 마음에 담아 둔 구절은 그중 '금강경'의 '응무소주 이생기심(應無所住 而生其心)'으로, '머무는 바 없이 마음을 내어라'라는 뜻이다. 우리가 무언가에 마음을 두고 노력했는데도 내 뜻대로 되지 않을 때가 있다. 내가 한 일을 남들도 좋아해 주기를 바라고, 더 특별하기를 바라고, 누군가 지적하면 듣기 싫은 마음이 든다. 그러나 어떤 일의 결과에 대해 마음을 묶어 두고 반드시 이루어져야 한다고 집착하는 마음을 버리면 한결 평안해진다. 노력하는 과정이 이미 성취이니, 너무 마음을 두지 말고 흘려보낼 일들은 흘려보내자.

지금 이 순간을 대하는 마음이
지옥을 결정한다

각 종교의 세계관은 각기 다르다. 기독교나 천주교에는 절대자가 있는 반면 불교에는 절대자가 없다. 부처님을 모시지만 부처는 '깨달은 자'라는 뜻이고, 불교의 목표는 자신이 깨달음을 얻어 직접 부처가 되는 것이다. 또 기독교나 천주교에서 사람의 삶을 단 한 번이라고 하는 것과 달리 불교에는 윤회 사상이 있다. 사람의 삶은 여러 번 거듭되는데, 좋은 행동을 해야 다음 생에 더 나은 사람으로 태어날 수 있다고 보는 것이다. 이 윤회에서 벗어나는 것을 '열반'이라고 한다.

종교마다 사후 세계나 지옥의 모습도 다르다. 특히 불교에서 말하는 지옥은 136개나 된다. 흔히 '아비규환'이나 '무간지옥'이라는 말을 쓰는데 이것도 모두 불교 지옥의 이름이다. 불교에서는 죽어서 저승에 가면 기본적으로 49일간 지내면서 7명의 대왕을 만나 일곱 번의 심판을 받는다고 본다. 그래서 고인이 돌아가신 후 가족들이 49일 동안 일곱 번 제사를 지내는 '49재'는 고인이 일곱 번의 심판을 잘 넘기게 해 달라고 이 세상에 남아 있는 가족들이 기원하는 풍습이다.

죽은 자를 심판하는 7명의 대왕 중 한 분은 바로 너무나 잘 알려진 '염라대왕'이다. 염라대왕은 '발설지옥'을 맡고 있는데, 이곳은 생전에 말로 사람을 해친 죄인이 가는 곳이다. 그래서 발설지옥을 묘사한 그림을 보면 죄인을 붙들어 매서 입에서 혀를 뽑아 소가 그 위를 쟁기로 갈고 있다. 말로 죄를 지었으니 혀에 벌을 주는 것이다.

살아 있을 때 재물에 욕심이 지나쳐 어려운 사람을 외면한 죄인은 '도산지옥'에 가게 되는데, 여기에는 칼날이 박힌 산이 있다. 죄인들은 맨발로 칼날 산을 끝없이 걸어가야 한다. 이처럼 불교의 지옥에서는 생전에 지은 죄에 따라서 각기 다른 벌을 받는다. 초기 불교에 비해 지옥이 왜 이렇게 많고 다양해졌을지 생각해 보면, 살아서 죄를 짓고도 당당하게 사는 사람들이 죽어서나마 그 죗값을 받길 바라기 때문이 아닐까.

한편으로 지옥과 극락은 꼭 장소만을 나타내는 것이 아니라 우리의 마음 상태를 나타내는 것이기도 하다. 깨달음을 얻고 부처님의 경지에 도달하면 그곳이 곧 극락이고, 그렇지 못하고 헤매면 그곳이 곧 지옥이나 다를 바 없다. 즉 사후 세계라는 건 자기 자신을 어떻게 바라보고 지금을 어떻게 살고 있느냐의 문제이기도 하다. 결국 내 마음을 다스리고 지금의 삶을 잘 살아가라는 의미도 담겨 있을 것이다.

불교에서는 죽음 뒤에 또 다른 생으로 윤회한다고 믿기 때문에 장례식의 문화도 조금 다르다. 스님들의 장례식은 '다비식'이라고 하는데, 나무와 숯으로 화장장을 만들고 관을 올려놓은 다음 돌아가신 분에게 "스님, 불 들어갑니다!"라고 알리고 불을 놓는다. 재 속에서 유해도 직접 수습하기 때문에 엄숙한 분위기로 진행된다. 일반 신도들이 돌아가셨을 때는 극락에 가시라는 뜻으로 '극락왕생'이라고 하지만, 스님들이 돌아가셨을 때는 '이 세상으로 빨리 돌아오시라'는 뜻의 '속환사바'라고 말한다. 깨달음을 얻어 열반에 이르셨으니 보살이 되어 다시 이 세상에 돌아와 깨달음을 나눠 달라는 뜻이다.

신은 물음표를 던질 뿐,
깨달음은 내 안에

삶에서 부딪치는 고민과 번뇌에 대해 스님에게 상담을 하러 오시는 분들이 많은데, 불교의 고민 해결법은 연역적이다. 스님은 어떤 해결책을 명확하게 제시해 주지 않는다. 대신 삶에서 맞닥뜨리는 다양한 의문에 대한 답을 찾고자 하는 사람들이 스스로 깨달을 수 있도록 오히려 '물음표'를 던져 주는 역할이다. '가진 것을 누리기만 하면 인식이 닫혀 빈 껍데기가 되니 계속 고민하자, 그리고 답을 찾아 보자'고 북돋우며 스스로 답을 찾기를 기다려 준다.

가르침을 구하는 분들에게 도움이 될 만한 말씀을 전하기도 하지만, 절대 훈계하지 않는다. 열반에 드신 스승의 가르침 중에는 '가르침은 필요할 때만 해야 한다. 상대가 묻지 않으면 조언하지 말고 기다려라'라는 말씀이 있었다. 상대가 먼저 묻지 않은 조언을 건네는 일은 백해무익하다는 것이다.

어떤 종교에서든 절대자가 늘 정답을 제시하는 것은 아니다. 모양이 각기 다른 인생에 딱 들어맞는 완벽한 정답이 존재할 수도 없다. 대신 모든 답은 자신의 내면에 이미 들어 있기에, 그저 스스로에게 질문을 던져 탐색하기만 하면 된다. 이는 타인의 조언이나 가르침으로 얻을 수 있는 것과는 전혀 다른 깊이의 깨달음을 안길 것이다. 질문하지 않으면 자신의 답을 찾을 수 없다. 신은 물음표를 던질 뿐, 그에 답하는 것은 언제나 우리 자신이다.

삶의 매 순간은 우리의 연속적인 선택이며, 그렇게
만들어진 삶은 각기 다른 죽음의 형태로 이어진다.
백 가지의 삶이 있다면 백 가지의 죽음도 있다. 죽음은
누구나 피할 수 없기에 오히려 죽음에 대해 생각하고
준비할 필요가 있지 않을까. 수많은 죽음을 가까이에서
지켜봐온 법의학자 유성호 교수에게 죽음이란,
역설적이게도 유한한 삶 속에서 무엇을 꿈꾸고 어디에
의미를 두며 살아갈지 돌아보는 일에 가깝다.

3강 | 죽음을 통해 배우는
오늘의 의미

유성호
법의학자

유성호
법의학자

20년간 약 2,000번의 부검을 담당한 그는 죽은
자에게서 삶을 배우는 법의학자다. 서울대학교
의학과를 졸업했으며, 서울대학교 병원에서 인턴과
전공의를 거쳐 병리전문의를 취득한 뒤 동 대학에서
법의학 박사학위를 받았다. 현재 서울대학교
의과대학 법의학교실 교수로 재직 중이며,
국립과학수사연구원 촉탁 법의관을 겸임하고 있다.
의과대학 교수이자 법의학자로서 매일 죽음과
마주하며 개인의 죽음뿐 아니라 사회가 죽음에
미치는 영향, 죽음에 관한 인식 등 죽음을 둘러싼
다양한 문제를 연구하고 있다. 〈그것이 알고 싶다〉
등 각종 방송에서 법의학 관련 자문을 맡았으며,
〈어쩌다 어른〉, 〈유 퀴즈 온 더 블럭〉 등에 출연해
많은 사람에게 경험을 나누고 있다.

생명의 시작부터
죽음에 이르기까지

한 생명이
'사람'으로 인정받는 기준

'죽음'에 대해 이야기하려면 먼저 '생명의 시작'에 대해 이야기하지 않을 수 없다. 한 생명의 탄생은 무수한 경우의 수를 이겨내고 그야말로 기적처럼 시작된다.

여성의 난소에서 배란이 일어나고 두 사람이 사랑을 나누면 남성의 정자가 여성의 자궁 속에 들어가 난자까지 약 18cm의 거리를 헤엄쳐 가야 한다. 이때 정자는 자궁 경부의 좁은 입구를 통과한 뒤 자궁 내 백혈구의 공격에서 살아남아야 하고, 두 갈래의 나팔관 중 난자가 있는 쪽을 운 좋게 선택해야 비로소 난자를 만날 수 있다. 이 과정에서 약 3억 마리의 정자 중 겨우 500여 마리만 살아남는데, 그중에서도 단 한 마리만이 난자와 합쳐져 '수정란'이 된다.

수정란은 일주일 동안 자궁을 향해 천천히 이동하면서 난할이라는 세포분열 과정을 거친다. 이 세포 무리가 자궁벽에 안정적으로 달라붙으면 '착상' 또는 '수태'라고 하고, 점차 크기가 커지면서 세포 집단이 되면 '배아'가 된다. 그리고 수정된 지 8주가 지나 팔, 다리가 나타나면 비로소 '태아'가 되는 것이다.

이 과정에서도 자궁벽에 착상하지 못하고 떨어져 나가는 수정란이 대부분이고, 착상이 되더라도 임신 초기에는 안정적이지 않아 쓸려 나가는 경우도 있다. 그래서 대개 임신 8주까지는 유산 가능성이 높고, 여성 스스로 임신한 줄 몰랐다가 유산이 되기도 한다. 그러니 이 조건을 모두 만족시키면서 한 생명이 탄생한다는 건 확률을 계산할 수도 없을 만큼 지극히 신비로운 현상이다.

그렇다면 언제부터 엄마 뱃속의 아이를 '사람'으로 인정해야 할까? 이에 대해서는 종교와 가치관에 따라 다양한 의견이 존재하는데, 법적으로는 명료한 기준이 정해져 있다.

민법에서 적용하는 대표적인 학설은 '전부노출설'로, 태아가 모체(母體)로부터 완전하게 신체를 노출했을 때부터 사람으로 인정하게 된다. 민법은 사람이 생존하는 동안에만 권리와 의무의 주체가 된다고 규정하기 때문에 아직 출생하지 않은 태아는 특수한 경우를 제외하면 사람의 권리를 인정받지 못하는 것이다. 예를 들어 태아가 의료 사고를 입어 장애를 가지고 출생한 경우 손해배상청구권을 행사할 수 있지만, 태아인 상태로 사망했다면 이를 행사할 수 없다.

반면 형법의 기준은 또 다르다. 형법에서 적용하는 학설은 '진통설' 혹은 '분만개시설'이라고 하는데, 산모가 진통을 느끼며 출산이 임박했을 때부터 태아를 사람으로 보고 법으로 적용한다. 그래서 진통 전에 태아를 사망하게 하면 낙태죄를, 진통 후에 태아를 사망하게 하면 살인죄를 적용했던 것이다.

민법과 형법이 서로 다른 기준을 적용하는 이유는 각기 목적이 다르기 때문이다. 민법은 손해배상청구권이나 상속권처럼 사람으로서의 권리 능력, 태아의 상속인 적격 판단 등을 산정하는 기준을 세우기 위한 것이다. 형법은 어떤 행위의 범죄 처벌 여부와 그 처분의 정도, 종류를 규정하는 법이다. 그래서 생명이라는 법익의 보호를 최대화하기 위해 '사람으로서의 보호 시점'을 앞당겨 생명을 두텁게 보호하려는 취지를 담고 있다.

생명이 꺼지는
죽음의 기준

생명의 탄생 이후 삶의 마지막에 다가오는 죽음의 기준은 무엇일까? '사망'이라고 할 때는 심장과 폐의 기능이 완전히 멈춘 상태인 '심폐 기능 종지설'이 기준이 된다. 어머니의 뱃속에서부터 뛰던 심장이 멈추고, 세상에 태어난 순간부터 시작했던 호흡이 멈추는 그 순간이 '사망'이 되는 것이다. 흔히 '숨을 거두었다'라고 표현하듯 숨과 심장은 삶과 죽음을 가르는 데 가장 중요한 역할을 한다고 볼 수 있다.

사람의 죽음은 법적, 의학적으로 '사망 원인'과 '사망 종류'를 통해 정의된다. 사망 원인이란 위암, 간암, 추락사 등 사망에 이르게 된 원인에 대한 의사의 진단명을 말한다. 사망 종류는 크게 두 가지로 나눌 수 있는데, 첫째는 '자연사', 즉 병으로 죽는 '병사'와 같은 것이고 둘째는 외적 원인에 의한 '외인사'다. 그러니까 병을 앓다가 사망하면 '사망 종류'는 자연사이고 의사에 따른 질병명이 '사망 원인'이 된다. 그리고 병으로 죽는 게 아닌 다른 모든 죽음이 '외인사'에 해당한다.

외인사는 다시 크게 자살, 타살, 사고사로 구분된다. 예를 들어 물에 빠져 죽은 사람이 있다고 했을 때 사망 원인은 '익사'인데 사망 종류는 여러 가능성이 나온다. 남이 빠뜨렸으면 타살, 발을 헛디뎌서 빠졌다면 사고사, 스스로 목숨을 끊으려

4부―더 나은 삶을 위한, 인생 철학 수업

고 뛰어들었다면 자살인 것이다.

한 사람의 죽음이 이 중 어디에 속하는지를 판단하는 건 매우 중요한 일이고, 그 죽음을 정의하기 위해서는 사망 원인과 사망 종류를 모두 잘 따져 봐야 한다. 부검으로 이를 밝히는 것이 '법의학'의 역할이다.

모든 소중한 삶의
진실을 밝히는 법의학

법의학적인 죽음의 구분은 매우 중요하기 때문에 법의학자는 여러 기관으로부터 자문 의뢰를 받는다. 가장 많은 자문을 구하는 곳은 법원이고, 그 뒤로 검찰, 경찰, 그리고 보험 회사가 있다. 보험 회사는 사망 종류에 따라 보험금 지급액이 달라지기 때문에 사망 원인을 밝히는 것이 매우 중요하다. 예를 들어 목욕탕에서 목욕하다가 돌아가시는 노인분이 많은데, 이때 목욕 중에 익사한 것인지 혹은 심장질환이나 뇌혈관질환으로 사망한 것인지 그 원인이 정확히 밝혀지지 않으면 분쟁이 일어나기 쉽다. 익사로 돌아가신 게 증명되면 상해사망, 재해사망에 속하게 되는데 질병과 상해는 보험금의 차이가 상당히 크기 때문이다.

많은 사람이 살인 사건이 일어났을 때만 부검을 한다고

생각하지만 그 외에도 죽음의 원인을 알기 위해 부검을 하는 경우가 많다. 병사라고 해도 원인을 알 수 없을 경우에는 부검을 하고, 자살의 경우라 해도 혹 다른 가능성이 있을 수 있기에 부검을 진행하게 된다.

부검은 가족들의 동의와 상관없이 수사 기관의 판단으로 진행된다. 사인이 명확하지 않거나 의심스러운 정황이 있을 경우에 경찰이 검찰에 수사 지휘 요구서를 작성해 보내고, 검찰이 부검이 필요하겠다고 판단하면 법원에 시신 부검을 위한 압수 수색 영장을 청구한다. 그래서 영장이 나오면 법의학자에게 의뢰하여 부검을 진행하는 것이다.

그 외에도 고인의 배우자, 부모, 자녀인 직계가족이 직접 경찰에 신고하여 부검 요청을 하는 경우도 있는데, 실제로 이로 인해 사건의 결과가 뒤바뀐 사례도 있다. 예전에 한 여성이 남편과 함께 홍천강으로 다슬기를 잡으러 갔다가 익사한 사건이 있었는데, 처음에는 단순한 익사 사고로 처리됐다. 그런데 이 부부가 각각 이혼했다가 재혼한 재혼 부부였고, 여성의 친딸이 뭔가 이상하다면서 부검을 의뢰해 왔다. 그렇게 화장 직전에 부검이 진행됐는데 알고 보니 거액의 보험금을 노린 남편이 재혼한 아내를 살해한 사건으로 밝혀졌다.

부검을 할 때는 여러 가지 과학적 방법이 활용된다. 예를 들어 '법의곤충학'은 시체에 붙어 있거나 주변에 있는 곤충의 종류나 발달 정도에 따라 사망 시각을 추정하는 방법이다. 예

4부 — 더 나은 삶을 위한, 인생 철학 수업

를 들어 시체가 공기 중에 노출되어 있으면 제일 먼저 검정파리가 찾아온다. 검정파리는 24시간 이내에 시체에 알을 깐 뒤 2주간 번식한다. 그 다음에는 딱정벌레들이 근육, 인대 같은 시신의 단단한 부분을 먹으러 오고, 나중에는 개미와 말벌 같은 잡식성 곤충들이 모여든다. 이처럼 시간의 흐름에 따라 시체에 몰려든 곤충이 다르기 때문에 사망 시각을 추정할 수 있는 것이다. 그 외에도 '알코올 및 약독물 분석'이나 '유전자 분석' 등을 활용하기도 하고, 최근에는 부검 전 진단을 위해 사망 후의 CT나 MRI를 촬영하기도 한다.

법의학자는 부검을 위해 늘 시체를 접하는 것이 무섭지 않느냐는 질문을 많이 받는다. 그런데 은행원이 돈을 다루면서 돈을 가지고 싶어 하는 게 아니라 자신의 일을 잘 처리하려고 하듯, 법의학자도 시체를 보면서 부검을 잘 해내서 사망 원인을 밝혀야겠다는 생각을 할 뿐이다. 또 부검을 할 때는 생전의 기록이나 신분증 사진을 같이 보게 되는데, 시신이 아무리 손상되고 부패되어도 그 사진 속의 모습으로 그분을 대한다. 모든 소중한 삶에 대해 진실을 잘 밝힐 수 있도록 노력하고, 좋은 곳에 가시기를 바란다는 기도로 보내드리는 것이 삶의 마지막을 함께하는 법의학자의 마음이다.

법의학자가 목격한
죽음

윤 일병
사망 사건

    윤 일병 사망 사건은 윤 일병이 군부대 내에서 빵을 먹다가 질식해 사망했다고 알려진 사건이다. 그런데 한 기자가 사건을 취재하다가 부검 사진을 입수했는데, 이상한 점이 많아 보인다면서 자문을 구해 왔다. 그래서 부검 감정서를 받아 열어 봤더니 보자마자 얼굴을 찡그리게 될 만큼 몸에 상처가 가득했다. 배와 가슴, 등, 양쪽 팔다리 곳곳에 넓게 멍이 들어 있었다. 이 정도로 몸 전체에 퍼진 손상은 고문처럼 계획하에 실행된 폭력이 아니고서야 좀처럼 보기 어렵다.

    군대 내에서 실시한 부검에서는 사망자의 기도 내에 음식물이 있다는 것을 확인했다고 되어 있었다. 병원에서도 뇌에 충분한 산소가 공급되지 않아 사망했다는 '허혈성 뇌손상'으로 인한 사망이라고 기록되어 질식사로 결론이 난 상태였다.

사람이 사망하거나 가사 상태에 빠지면 근육이 이완되면서 축 늘어진다. 즉 살아 있을 때는 식도와 위 사이를 조이던 근육이 잘 유지되어 음식이 역류할 일이 없는데, 사망 후에는 근육이 풀리면서 이미 먹은 음식이 역류될 수 있다. 그러니 빵이 기도를 막아 질식사한 것이 아니라, 다른 이유로 사망한 후에 심폐 소생술을 하고 병원에 옮겨지는 동안 위에 있던 음식이 식도로 역류해 질식사처럼 보였을 가능성이 있었다.

특히 윤 일병처럼 넓은 부위의 조직 좌멸이 있다면 순환 혈액량이 감소하며 쉽게 쇼크에 빠질 수도 있다. 그래서 기도 질식보다는 외상성 쇼크사의 가능성이 더 높다고 판단하여 연락을 줬던 기자님에게 소견을 전달했다. 이 내용이 바로 9시 뉴스에 보도되면서 윤 일병 사건은 다시 추가 조사에 들어가게 되었다.

이후 결국 4개월 만에 윤 일병 사건은 반복적인 구타로 인한 쇼크사였음이 밝혀졌다. 군검찰의 재수사를 통해 가해 병사들은 이 모 병장의 폭행이 윤 일병 사망의 결정적 이유라고 군 법정에서 진술했고, 이들이 수개월간 저지른 참혹한 폭행의 진실도 낱낱이 드러났다. 결국 군 검찰부는 가해 병사들에게 살인죄를 적용했고 주범인 이 모 병장은 징역 40년으로

307

법의 심판을 받았다.

부부 교통사고
사망 사건

2000년대 초반에는 농천에서 한 부부의 교통사고가 발생
했다. 한적한 도로에서 부부가 탄 차량이 갓길에 주차된 트럭
을 들이받은 사고였다. 부부는 병원으로 옮겨졌지만 운전석에
있던 아내 박 씨는 이송 중에 사망하고 말았다. 의사가 아내의
엑스레이를 촬영한 결과 사망 진단서에는 '환추후두관절탈골
추정 즉, 두개골과 첫 번째 목뼈 사이 관절이 어긋나 탈구되어
있음'이라고 기재되었다.

반면 뒷좌석에 타 있던 남편은 바로 다음 날 퇴원할 정도
로 별다른 이상이 없었고, 교통사고로 사망한 아내는 자신의
선산에 매장했다. 석연치 않은 사고에 마을에서는 '남편 김 씨
가 아내를 죽였다'는 소문이 돌았으나 남편은 당당했다. 오히
려 '죽은 건 그 여자 팔자고, 산 사람은 살아야지'라며 생명 보
험금을 탄다고 자랑하고 다녔다고 한다.

그렇게 반년이 지났는데 검찰 앞으로 한 장의 투서가 들
어온다. 그 부부와 한 동네에 살던 사람의 투서였는데, 아내가
사망하기 2년 전에 남편 김 씨가 '아내를 죽여 주면 돈을 주겠

다'고 제안한 적이 있었다는 것이다. 그래서 검찰이 수사를 시작했더니 아내 앞으로만 총 9개의 생명 보험이 들어 있었다. 수상한 정황이 드러나다 보니 결국 매장된 아내의 시체를 꺼내 부검을 하기로 결정되었다.

이미 사망한 뒤 1년 6개월이 지난 시점이라 시체는 상당 부분 부패되어 일부 근육만 남아 있는 정도였지만, 그럼에도 한 가지 이상한 점이 발견되었다. 목을 절개해서 살펴보니 목의 후두에 위치한 가장 큰 연골인 갑상연골 왼쪽의 윗부분이 부러져 있었던 것이다. 갑상연골은 보통 목이 졸리는 등 강한 압박이 가해질 때 골절될 수 있다. 하지만 시체가 심하게 부패되어 있어 골절이 발생한 시점이 사망 전인지 시체가 삭아서 부러진 것인지는 확정하기 어려웠다.

검사가 사건을 더 깊이 파헤치던 중, 교통사고 분석 기관에서 '운전자가 이미 사망한 상태에서 제3자에 의한 대리 운전이 있었을 가능성이 높다'는 결과가 나왔다. 또 검사의 자문 요청을 받아 아내의 엑스레이를 영상의학 교수에게 재확인하자 엑스레이에서 목뼈가 어긋난 곳이 없다는 의견을 받았다. 사망 원인이 목뼈의 탈구였는데 어긋난 곳이 없다니 이상한 일이었다.

그 밖에 교통사고 현장 사진에서도 의문점이 발견되었다. 운전석의 아내가 매고 있는 안전벨트가 몸통 위를 가로지르는 것이 아니라 양쪽 팔 위에 걸쳐져 있는 것이다. 게다가 아내는 입 밖으로 혀를 내밀고 있었는데, 이 역시 목을 조르는 질식사에서 관찰되는 소견이다.

마지막으로 당시 병원에 도착해서 찍은 사진을 통해 결정적인 증거가 드러났다. 시체의 등 뒤에 얼룩, 즉 시반이 선명하게 나타나 있었던 것이다. 시반은 사망 후 두세 시간 후에 몸의 중력 아래 방향으로 얼룩덜룩한 빨간 점 같은 것이 나타나는 현상을 말한다. 시반의 색과 형태에 따라서 사망 추정 시각과 사망 당시 자세를 알아낼 수가 있다. 그런데 아내 박 씨의 얼룩은 최소한 사망 후 4시간은 지나야 나타나는 진한 얼룩이었다. 한마디로 당시 교통사고로 인해 사망한 것이 아니라 그 전에 이미 사망한 상태였다는 뜻이다.

결과적으로 남편 김 씨는 기소됐지만 살인은 인정되지 않았다. 살인에 대해서는 확정적 증거가 없다는 것이 재판부의 판단이었다. 다만 지인에게 아내를 죽여 주면 돈을 주겠다고 했던 살인교사 미수로 징역 1년 집행유예 3년을 선고받았다.

사망 당시에 부검을 했으면 좋았겠지만, 모든 죽음이 다 부검으로 이어지는 것은 아니기 때문에 어쩔 수 없이 놓치고 지나가는 지점이 생기기도 한다. 그래서 때로 법의학자는 부검 없이 영상 자료나 병원 의료 기록, 현상 사진만을 통해 사망 원인을 추정해야 하는 일도 있다.

4부—더 나은 삶을 위한, 인생 철학 수업

27개월 아이가 남긴
마지막 메시지

지금까지도 잊기 어려운 안타까운 사건도 있다. 아이의 엄마가 며칠 전 아이가 식용유를 밟고 넘어졌다면서 의식 잃은 아이를 병원에 데려왔고, 아이는 치료를 받았지만 큰 뇌출혈로 인해 결국 사망하고 말았다. 겨우 27개월밖에 안 된 여자아이였다. 보통 병사일 때는 의사의 사망 진단서 작성 후 그대로 장례 절차로 이어지는데, 이와 같은 사고사에서는 무조건 경찰이 출동해야 한다. 그런데 어찌된 일인지 아이의 사망서 진단이 치료받은 병원이 아닌 다른 병원에서 병사로 작성되어 버렸고, 아이는 생모의 의사에 따라 바로 화장되었다.

나중에 아이의 죽음에 대해 주변에서 문제를 제기해 다시 조사를 해 보려고 하니 이미 아이의 시신은 없는 상황이었다. 남아 있는 것은 병원에서 찍었던 CT 사진과 의무 기록이 전부였다. 뒤늦게 당시 뇌 CT 사진을 보니 왼쪽 뇌에서 시기가 다른 출혈흔이 두 개나 발견되었다. 키가 1m 이하인 아이들은 키가 작기 때문에 넘어진다고 해서 뇌출혈이 생길 만큼 뇌에 충격을 받는 경우는 드물다. 게다가 우연히 시간차를 두고 두 번 넘어진 게 아닌 이상, 누군가 아이 머리를 직접 때렸거나 벽에 머리가 부딪치는 등 아동 학대의 결정적 증거가 될 수 있다는 판단이 들었다.

결국 이 사건은 생모가 두 돌이 갓 지난 딸을 학대하고 방치해 숨지게 한 사건으로 밝혀졌다. 생모는 딸을 방치해 숨지게 한 혐의로 4년 실형을 선고받았고 당시 허위 검안서를 써준 의사 등 5명도 입건되었다. 법의학자로서도 몸과 마음이 다 기진맥진해질 정도로 마음이 아픈 사건이었다.

부검을 통해 사인을 찾고 억울한 진실이 밝혀지는 사건도 있지만 사실 미제로 남게 되는 사건들도 적지 않다. 사건이 발생했을 때 첫 단계는 피해자의 신원을 확인하는 일이다. 신원 확인의 가장 중요한 요소는 지문, 유전자, 치아의 세 가지를 꼽을 수 있다. 지문 감식은 쉽게 신원 확인을 할 수 있지만 치과 진료 기록이나 유전자 정보는 개인 정보로 취급되기 때문에 피해자의 신원을 알아내는 데 한계가 있다. 그래서 '손'이 발견되지 않으면 신원 파악이 쉽지 않은데, 미제 사건 중에는 손가락이 발견되지 않은 사건이 많다.

잘 알려진 사건 중 2020년에 인천 경인아라뱃길과 인근 야산에서 토막 난 시신이 연달아 발견된 '아라뱃길 시신 훼손 사건'도 아직까지 피해자 신원을 찾지 못한 사례다. 지문을 확인할 수 있는 두 팔이 발견되지 않았고, 시신에서 확인할 수 있는 유일한 단서는 치아뿐이라 여전히 수사에 어려움을 겪고 있다.

죽음을 이전까지의 삶은
선택할 수 있다

가장 보통의
죽음

사람은 누구나 죽음에 이르고, 대부분의 사람은 신체 노화나 질병에 의한 평범한 죽음을 맞이하게 된다. 통계청의 '사망자 수 및 조사망률 추이' 조사에 따르면 2021년에 우리나라에서 약 31만 명이 사망했는데, 이 중 외부 요인에 의한 외인사는 2만 6천 명 정도로 전체의 약 8.2%에 불과했다.

그럼 나머지 대부분의 사람이 사망하는 원인은 무엇일까. 2021년 사망 원인 순위 추이 조사에 따르면 우리나라 전체 사망자의 43.1%가 암, 심장 질환, 폐렴으로 사망한다.

그중에서도 사망 원인 1위는 다름아닌 '암'이다. 시대와 환경에 따라 사망의 원인은 달라지기 마련이지만, 현재 우리 나라의 경우 인구를 5천만 명이라고 한다면 한 해에 8만 명이 넘는 인구가 암으로 사망하고 있다. 결국 사고사와 같은 외부 적 요인이 아니라면 우리 대부분은 언젠가 이러한 질병에 의 해 사망하게 될 확률이 높다는 뜻이다.

미국 의사 협회 학술지 'JAMA'에서 이러한 질병에 걸렸 을 때의 '죽음의 경과'를 그래프로 나타낸 자료가 있다. 우측 그래프의 X축은 죽음으로 가는 시간의 경과, Y축은 신체 기능 을 나타낸다. A 그래프의 경우 죽음에 가까워지면서 급격히 신체 기능이 떨어지는데, 이는 '암에 걸렸을 경우 죽음의 양 상'이다. 암에 의해 죽음을 맞게 되면 보통 6개월 정도 일상을 유지하며 투병하다가 사망하기 2~3개월 전부터는 급격히 신 체 기능을 상실한다.

B 그래프는 '심장 질환이나 뇌졸중에 걸렸을 경우 죽음 의 양상'이다. 이를테면 뇌졸중 때문에 침상에서 계속 누워 지 내게 될 경우, 신체 기능이 떨어지면서 점차 하나씩 기능을 상 실하게 된다. 처음에는 밥은 혼자 먹을 수 있고 화장실에 가는 것만 어려웠는데, 나중에는 화장실도 혼자 갈 수 없게 되면서 끝내 사망에 이르는 것이다.

C 그래프는 '노쇠와 치매로 인한 죽음의 양상'이다. 이 경 우 처음부터 신체 기능이 매우 떨어지면서 급격하게 기능을 상실한다. 우리가 인간으로서 품위를 지키고 존엄을 유지할

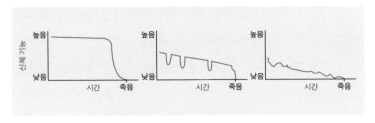

죽음의 경과 그래프 | 출처: JAMA 미국 의사 협회 학술지

수 있는 기능들을 순식간에 잃게 되는 경우다.

죽음에 대한
준비

　보통 몇 살 때쯤 이런 죽음을 맞이하게 될까? 통계청의 기대 여명 자료에 의하면 2020년 기준으로 65세 남성은 84세 이상, 여성은 88세 이상 살 것으로 예상된다고 한다. 하지만 평균 수명만으로 남은 생을 가늠하기는 이르다. 젊을 때는 건강한 몸으로 살아가지만 나이가 들고 일상생활을 유지할 수 없는 상태로 살아가는 '비건강 수명'이 보통 15년 정도 된다고 본다. 그러니까 85세까지 산다고 해도 70세부터는 건강하지 않은 채로 살아갈 확률이 높다는 것이다. 그러다가 죽음이 얼마 남지 않은 시점에서는 신체 기능이 크게 저하되어 막상 죽음이 다가왔을 때는 받아들이고 준비하기가 매우 어렵다.

그래서 우리가 건강할 때 각자의 마지막에 대해 생각해 보고 조금은 치밀하게 계획도 해 볼 필요가 있다. 백 가지 삶이 있으면 백 가지의 죽음도 있는 법이다. 내 죽음은 어떨까. 사람은 모두 기적처럼 태어나 빛나는 인생을 살아가는데, 마지막을 미처 준비하지 못하고 허둥지둥 끝내게 되면 너무 아쉬운 일이다.

《관촌수필》을 쓴 이문구 소설가는 2003년 2월에 위암 말기 통보를 받고 곧바로 자신이 사람들에게 빚지고 갚지 않은 것이 있는지를 떠올리셨다고 한다. 그래서 3년 전에 계약하고 인세를 미리 받았던 동시집 원고를 서둘러 완성하고, 큰 아들에게는 이렇게 신신당부했다. "내가 혼수상태가 되거든 이틀을 넘기지 마라. 소생하지 않으면 엄마, 동생 손잡고 산소 호흡기를 떼라. 절대 연장하지 마라. 화장 후에는 보령 관촌에 뿌려라. 문학상 같은 것 만들지 말고 제사 대신 가족끼리 식사나 해라. 나는 이 세상 여한 없이 살다 간다." 자신의 질병을 알자마자 마치 한 소설의 엔딩처럼 마지막 스토리를 직접 써 내려가신 것이다.

우리가 죽고 나서 생전에 만난 인연들과 작별하는 장례식장의 모습은 어떨까? 한번쯤은 자신이 꿈꾸는 장례식장에 대해 구체적인 모습을 떠올려도 좋을 것이다. 장례식장을 찾아온 친구들에게 백포도주를 한 잔씩 나눠 주고, 루이 암스트롱의 〈What a Wonderful World〉를 들려주는 것은 유성호 법의학자가 그리는 장례식장의 모습이다. 자신만의 엔딩을 준비하기 위해 생각날 때마다 유서를 쓰고 고쳐 볼 수도 있다.

나 자신을 위해 준비할 수 있는 일이 하나 더 있다. 중환자실에 가보면 많은 환자가 음식물을 넣어 주기 위한 비위관부터 호흡기, 소변줄, 대변줄 등을 몸에 매달고 있다. 최선을 다해서 치료해도 의식이 없는 상태로 줄에 의지해 누워 있는 환자를 보면 누구보다 보호자들의 심정이 가장 괴로울 것이다. '이게 과연 사랑하는 부모님이 원하시는 마지막인가'라는 생각을 하면서도 이러지도 저러지도 못하고 자괴감에 빠지는 경우가 많다. 무의미한 치료를 멈춰야 하나 싶다가도, 가족 중 누군가가 0.1%의 살아날 가능성에 매달리면 어쩔 수 없는 연명 치료가 이어지게 된다.

그런데 환자가 미리 자신이 의식이 없을 때 가족들에게 힘겨운 결정을 맡기지 않도록 의사를 밝혀 두는 방법이 있다. 향후 임종 과정에서 정말 죽음이 임박했을 때 심폐 소생술이나 인공호흡기 착용 등의 연명 의료를 원치 않는다는 '사전연명의료의향서'를 작성하는 것이다. 등록 기관에서 이를 작성하면 연명 의료 정보처리 시스템 데이터베이스에 보관되어 법적 효력이 생긴다. 물론 필수가 아니라 개인의 선택인 만큼 충분히 고민해 결정해야 하며, 자신의 죽음에 대한 어떤 선택도 존중받아야 할 것이다.

좋은 삶이 곧
좋은 죽음이다

막 대학 신입생이 된 열아홉 살 여학생이 친구들과 놀다가 다음 날 사망한 사건이 있었다. 그런데 부검해 보니 이 여학생은 온몸에 기름이 끼는 희귀 유전병을 앓고 있었다. 이 병을 앓고 있으면 보통 20대에 사망하게 된다. 아마 본인도 자신이 오래 살 수 없다는 사실을 알았을 것이다. 하지만 이 여학생은 최선을 다해 공부해서 대학에 진학하고, 동아리 활동을 하고 친구도 사귀면서 마지막까지 자신에게 주어진 삶을 살아갔다.

좋은 죽음이란 과연 무엇일까? 어쩌면 이 여학생처럼 죽음의 대척점에 있는 삶을 치열하게 끌어안은 인생, 자신이 의미 있다고 생각하는 삶을 위해 마지막까지 최선을 다한 '좋은 삶'의 끝자락이 곧 '좋은 죽음'이 아닐까. 법의학자로서 특별히 죽음과 깊은 인연이 있는 삶을 살아가면서 더 깊게 느끼는 것은 아이러니하게도 죽음이 아니라 지금 이 순간의 소중함이다. 사랑하는 사람들과 함께 살아 있는 지금, 좋은 사람들과 맛있는 식사를 하고 시답지 않은 농담을 나누는 그 모든 순간이 다 아름답고 귀하다. 어쩔 수 없는 과거를 돌아보고 얽매이거나 불확실한 먼 미래에 사로잡혀 현재를 충실히 살아가지 못하면 얼마나 아까운 일인가.

4부 ― 더 나은 삶을 위한, 인생 철학 수업

사람은 사고로, 질병으로, 여러 가지 이유로 참 쉽게 죽는다. 보통 가까운 주변 사람들의 죽음을 받아들이기까지 3년 정도의 시간이 필요하다고 한다. 남은 사람들은 때때로 죽음의 허망함을 느낄 수도 있다. 그러나 톨스토이의 《인생론》을 읽어 보면 영원성을 획득한다는 건 육체나 정신은 사그라들어도 나를 사랑해 주는 사람들의 기억 속에 영원히 남는 일이라고 한다. 애니메이션 〈코코〉에서도 누군가 죽은 자를 여전히 기억하고 있으면 죽은 자의 세상에서 사라지지 않고 살아간다는 내용이 나온다. 주변 사람과의 관계, 사랑 속에서 영원성을 획득하는 것이다.

그러니 삶이 허무하다고 생각하기보다 지금 내 곁에 있는 주변 사람들의 소중함을 되새겨 보자. 내 인생의 의미를 찾고 그에 따라 지금을 열심히 살아가는 것이 언젠가 품격 있고 아름답게 죽음을 맞이하는 하나의 방법일 것이다.

지적 생활을 위한 일타 교양 수업

초판 1쇄 발행 2024년 12월 18일

지은이   김창옥, 심용환, 김영옥, 강형원, 표창원, 유성호, 김민정, 김지민, 김희준,
                  배정원, 성진, 이종화, 유호진, 이은결 외 MBC 〈일타강사〉 제작진
펴낸이   박영미
펴낸곳   포르체

책임편집   김아현
마케팅   정은주 민재영
디자인   황규성

출판신고   2020년 7월 20일 제2020-000103호
전화   02-6083-0128
팩스   02-6008-0126
이메일   porchetogo@gmail.com
포스트   m.post.naver.com/porche_book
인스타그램   porche_book

ⓒ 김창옥, 심용환, 김영옥 외 MBC 〈일타강사〉 제작진
   (저작권자와 맺은 특약에 따라 검인을 생략합니다.)
ISBN 979-11-93584-94-1 (03100)

여러분의 소중한 원고를 보내주세요.
porchetogo@gmail.com